杏福苑

谭燕珠◎著

教师专业成长的幸福之苑

ENGLISH

哈尔滨出版社
HARBIN PUBLISHING HOUSE

图书在版编目（CIP）数据

杏福苑：教师专业成长的幸福之苑/谭燕珠著.
哈尔滨：哈尔滨出版社，2024.6. --ISBN 978-7-5484-
7996-3

Ⅰ.G633.412

中国国家版本馆 CIP 数据核字第 2024R22J21 号

书　　名：**杏福苑：教师专业成长的幸福之苑**
XINGFUYUAN: JIAOSHI ZHUANYE CHENGZHANG DE XINGFU ZHIYUAN

作　　者：谭燕珠　著
责任编辑：韩伟锋
封面设计：智诚源创

出版发行：哈尔滨出版社（Harbin Publishing House）
社　　址：哈尔滨市香坊区泰山路82-9号　　　邮编：150090
经　　销：全国新华书店
印　　刷：武汉颜沫印刷有限公司
网　　址：www.hrbcbs.com
E-mail：hrbcbs@yeah.net
编辑版权热线：（0451）87900271　87900272

开　　本：710mm×1000mm　1/16　印张：15.5　字数：247千字
版　　次：2024年6月第1版
印　　次：2024年6月第1次印刷
书　　号：ISBN 978-7-5484-7996-3
定　　价：70.00元

凡购本社图书发现印装错误，请与本社印制部联系调换。
服务热线：（0451）87900279

序 言
Preface

收到谭燕珠老师发来的邀请，为她即将出版的中学英语教师专业成长之路的专著写个序，感到有点突兀，自觉本人在业内远不具备为这样的书作序的名气和威望，深恐我的序言不能为她的专著增色，但她觉得我们共事多年我又在她工作的学校里担任校长多年，写序言合适，盛情难却，便应承下来。和谭燕珠共事接近 20 年，看到她的成果即将结集出版，为她高兴，为她鼓掌。

一线老师能够写出一本个人专著不是件容易的事情，需要花费多少时间和心血啊！可以看出谭老师是个热爱教育的有心人。就连书名，她都别具匠心，与家乡"杏坛"联系起来，可以感受到谭老师的家国情怀。

谭老师躬耕教坛 32 年，用实际行动践行"四有"好老师的标准，有理想信念：树立正确的职业理想，忠诚党的教育事业；有道德情操：不断提高自我修养，做学生们的道德楷模；有扎实学识：终身学习不停步，不断提高自己的专业修养；有仁爱之心：爱护学生，关心学生，做学生的良师益友。一直以来，她在英语教学的花苑里不断耕耘，创新课堂模式，建构教学策略，优化教法学法，提高教学技能，深入研究课题和项目，注重开展拓展课程和跨学科实践，融合传统和先进的教学技术，推进教改，以点带面辐射教学，引领和影响着一批青年教师，为学校和区域的英语教学教改做出了很大贡献，深受领导、同事、学生、家长的高度肯定和一致好评。

我衷心祝贺这本书成功出版！作为第一个读者，我感到非常荣幸。我深信这本书所传递的信息会给广大老师启发和帮助！

刘伏奇

2023 年 12 月

目 录
Contents

杏林

教学实践与策略

核心素养下六要素整合的初中
英语单元整体教学实践

英语学科的核心素养指的是学生通过英语学习而逐步形成的正确价值观、必备品格和关键能力。英语学科核心素养能体现英语学科的育人价值和标准，包括语言能力、文化意识、思维品质和学习能力。随着课改的深入和核心素养的提出，以单元为整体进行教学设计，体现学科育人价值，整体把握学科核心素养的培养，成为教学研究者和实践者的基本共识。单元教学的基本特征是内容统整、深度学习、素养整合，正好符合核心素养强调学科育人的大格局。

一、单元整体教学实践理念与特性

（一）整体教学理念

2018 年教育部发表的《英语课程课标》中提出了由主题语境、语篇类型、语言知识、文化知识、语言技能和学习策略等六要素构成的课程内容，以及指向学科核心素养发展的英语学习活动观。英语学科核心素养的基础包括英语课程内容里面的语音、词汇、语法、语篇、语用等知识，以及听、说、读、看、写等语言技能。单元整体教学则是把碎片化的听、说、读、写技能训练向主题意义引领的深度整合学习转变。教师需要深入解读文本，整合课程内容，优化教学方式，为学生设计有情境、有层次、有实效的英语学习活动。

（二）整体教学特性

课程目标集中体现了各学科的核心素养，英语教学是在教与学习的过程中通过不同主题、任务、活动、项目等逐步形成和发展的相对独立又相互融合的有机整体。随着课改的深入推进、教师观念的不断更新，教学方式随着信息技术快速发展而加速转变，课堂教学设计越来越以学生为出发点和落脚点，处处体现"以学为主"的理念，课程建设犹如烹调一桌美味的菜肴：每个具体的知识点如食材、调料、烹调方式、所需用时、把握火候等烹煮成一道菜肴，每个单元知识如每道菜肴组成一桌美味，因此，教学设计中的指导原则是整体性，是围绕英语素养发展的中心点，坚守英语学科的育人价值。单元整体教学的特性如下所列：

1. 内容的整体性与整合性。语篇知识、语用知识、六要素构成语言知识等整合开展学习，同时由于教材内容的统一性，而应根据学生需要进行必要整合。整体教学需要与整合学习整合起来。

2. 过程的整体性与动态性。教学环节与活动坚持从 exposure 到 comprehension 到 applying 到 creating 的整体过程，但随时根据需要反复循环，同时由于教材活动的统一性，以学生为主进行必要的内容整合，强调课前、课中、课后学习的整体性。

3. 单元整体教学不是教材的单元整体，而是学生学习的单元整体。教材服务于学生学习。到目前为止，英语中高考的题目往往不会直接考查学生对教材的掌握程度，而是着重考查学生运用语言知识解决问题的综合能力。若平常考试或小学初中考试有教材内容，只是少量，单词教得再好，也只是单词，应基于学生而整合。

二、单元整体教学的问题与思考

英语课程里的单元是内容的主体，承担着主题意义的基本单位。基于主题意义的单元整体教学的有效途径有：整合课程内容、实施深度学习、发展学科核心素养、实现学科育人目标。但是，由于主题引领作用不被重视，单元教学经常缺乏方向性、关联性和整体性，单元中的各语篇教学相互分开，导致学生往往停留于浅层学习状态，难以达成核心素养的融合发展。单元整体教学主要存在以下问题：

（一）单元教学存在碎片化、孤立化的状况，容易忽视单元主题意义和单元中各语篇之间的内在联系，单元教学活动设计单一，缺乏主线统领，各个活动之间人为割裂，欠缺关联性；

（二）教师过度关注各单元语言知识的教学和语言技能的训练，缺少主题意义深化以及语篇融合，导致学生对单元的整体内容和意义理解不够深入；

（三）单元教学活动仅限于书本，脱离学生的生活实际，不足以激发学生的学习兴趣，学生个人需求往往被边缘化，造成学生难以积极、主动地参与的情形，陷入厌学、畏学等恶性循环的局面；

（四）教师缺乏内容整合意识，只停留于"为教材而教"的步伐，止步于"单元整合"的门前，没有根据主题意义探究的需要去调整单元教学内容。

事实上，"不照本宣科，不因教材而教教材"是单元整体教学的理念。单元整体教学应根据教材的编排体系特点、学校实际和学生的学情，明晰单元板块的次序，科学合理地整合教学内容，突出单元整体教学的优势，既重视学生的语言学习和技能训练，又关注学生的情感体验。为实现单元整体教学，教师应在教学时结合单元主题对各课时进行有针对性的划分，每个课时既要有一定的侧重点，又要具备一定的全面性。

本文将阐述基于六要素整合的单元整体教学的必要性与实施原则，并结合外研版《英语》七年级上册"A trip to the zoo"的教学内容具体说明如何基于核心素养的六要素整合开展单元整体教学。

三、核心素养理念下初中英语单元整体教学实践

（一）基于语境和深入语篇，整合单元内容

在"A trip to the zoo"的教材内容里，第一单元是通过导游和孩子们之间的对话，介绍了几种动物的习性。第二单元供学生阅读的文本内容里介绍了五种动物的特点，通过简短的说明文字，拓展了学生在地理和物种方面的知识。在第三单元的"Around the world"里，介绍了两种动物，教师把它整合到第二单元中去，作为整体阅读去处理。

本节课通过介绍了 7 种动物的语篇，突出本模块的主题内容，但学生在物种和地理方面的知识还不熟悉，通过结合教材内容，教师在设计时有意为之，为学生创设问题回答，紧扣中心内容。教学重难点的界定是：学生学会相关大洲的名称，了解各大洲的动物，读懂介绍动物的文本材料，提取关于动物的栖息地和食物的信息内容，学生小组内谈论自己喜欢的动物。以下是解决措施：

通过 skimming，快速阅读，掌握文章大意；通过看图说话，归纳部分动物的分布地区；通过 scanning，了解动物的栖息地和食物的信息；通过小组合作，分别谈论语篇中的五段内容；通过归纳法，总结动物的 home，food or drink，colour，size and hobbies；通过学生个体和小组活动，谈论自己喜欢的动物及其原因，调动学生的学习兴趣，激发生活热情。

内容与目标：让学生通过阅读获取具体信息，了解五种动物和在"Around the world"里介绍的两种动物的特点，拓展了学生在物种和地理方面的知识。

教与学的活动：先让学生阅读文本材料，完成连线题，找出与动物相匹配的食物。阅读七段关于某一动物的说明文字，小组合作，谈论语篇中的五段内容，尝试用完整句子表达出来。

【设计意图】学生学会用阅读中的信息来完成任务，通过情境设置，激发学生语言表达欲望，积累写作语言素材。

（二）重视过程的整体和主题意义的活动探究

1.课前活动，清晰明了

各单元以"动物"为话题，容易吸引学生，能增添学生的学习趣味。笔者在课前进行了一份调查问卷，希望能够在课前了解学生与动物之间的关联程度，掌握主题意义下的学生需求，通过整体教学，让学生思考"人与动物""人与自然"的关系，增强学生保护自然环境、爱护动物的意识。

2.课中活动，循环反复

内容与目标：能听懂孩子们和导游之间的问答，为学生介绍几种动物的习性，并在听力中找出细节信息，为下一课时的学习做铺垫。

教与学的活动：听录音，模仿和朗读对话内容，完成听填信息的练习和活动3的表格。

【设计意图】本部分听力旨在训练学生从听力材料中获取细节信息的能力，为学生提供语言输入的机会，为更高层次的语言输出做铺垫。

内容与目标：语言输出，以口头输出的形式练习本单元的重点内容。

教与学的活动：采用个体活动完成活动4，两人小组完成活动7，四人小组模仿和猜词游戏完成活动8，学会运用一般现在时第三人称单数的肯定句、否定句、一般疑问句及其回答的语言结构，把语法知识融入游戏活动，避免了枯燥乏味。活动本身为学生提供了真实的语境，使学生能够在模拟现实的语境中进一步理解和运用语言。

【设计意图】围绕"动物"进行主题意义的对话练习，呈现对话（含"信息差"information gap）的结对口语活动，不仅训练了学生对新词的学习、记忆和运用，又强化了关于"动物"话题的词汇应用。

3. 课后活动，学以致用

教师可抓住"多数学生有自己喜欢的动物，也渴望更多地了解动物特性，乐于与他人分享"这一特点，创设活动任务和会话情境，拓展关于动物的词汇和知识。单元任务是"Making a poster of your favourite animal."，比较容易激发学生的兴趣。教师引导学生多使用本模块三个单元中的目标语言，注意避免在海报中单纯呈现图片。

（三）关注思维品质的提升，促进能力向素养的转化

《义务教育英语课程标准（2011 年版）》强调培养学生的英语素养和发展学生的思维能力，即英语教学不仅要让学生掌握语言知识，提高语言技能，还要进一步发展学生的思维能力。《普通高中英语课程标准（2108 年版）》更是将思维品质确立为英语学科核心素养的重要组成部分，是学生必备的关键能力。高阶思维能力的培养是对义务教育阶段所有学生的普适性要求，尤其是批判性思维。初中生正处于身心快速发展和趋向成熟的阶段，已基本形成一些对事物的看法和判断。陈则航、邹敏认为：批判性思维是对事物或者观点的判断，是一种有目的的诠释、分析、推理和评价。在"A trip to the zoo"的最后一个课时，教师所定的教学目标为：以"评价与提升"为主旋律的语言应用实践结束之时，学生能够在小组活动中积极表达和交流英语，培养热爱动物的情感态度，增强动物保护意识，和同学进行小组合作，参与"保护动物"的班级英语辩论活动。

内容与目标：能在小组活动中积极用英语进行表达和交流，能和同学合作，参与关于保护动物的英文辩论比赛。

教与学的活动：学生 3~4 人为一组，进行正反方的辩论，辩题是"Are

animals our friends?"。辩论的准备阶段和辩论过程中，必须与其他同学交流，以便扩展学生的思维，使每个学生能够更多地了解他人的想法，并且表达自己一方观点和理据，尽可能用英语来完成任务。

【设计意图】通过辩论比赛，引导学生热爱动物的态度和情感，增强保护动物的意识，积极与他人合作，共同完成学习任务。

内容与目标：总结和评选。

教与学的活动：任务的总结阶段，评选出辩论活动优胜的组别。

【设计意图】学生学习怎么样去评价他人的成果，能够用相应的论据来支撑自己的观点。

四、结语

有效促进学生英语学科核心素养的发展是单元整体教学的目标所在，应基于学生学习需求为出发点和落脚点。英语教学中的主题（话题）是语境，语篇是基础性材料，语言技能、学习策略运用是活动任务。在英语课程整合学习中，素养是目标，活动是基础。促使个体能力向素养的转化，通过单元整体教学活动，提高学生核心素养。

（本文于 2021 年 1 月发表于《教学与研究》有删减）

面向行动式教学法在初中英语的教学实践

欧盟在教育领域的标志性成果之一《欧洲语言共同参考框架：学习、教学、评估》（以下简称《框架》），一种新型外语教学方法——面向行动式教学法（action-oriented approach）由此诞生了。其更加重视通过语言完成实践任务的能力，以及包括交际能力在内的综合能力的培养，倡导的是语言学习者作为社会成员，与同伴沟通、合作，最终完成交际行动。

一、面向行动式教学法视域下的初中英语课堂变革

行动是面向行动式教学法的核心。在英语课堂上，以行动为核心建构教学框架，将行动任务贯穿教学始终。学生要"在行动中学，在反思中学，在合作中学"。许国璋先生说："中小学十几年，大部分时间用来学习百十篇从几十字到几百字的对话或课文，操练了一些"四会""五会"的技术，束缚了孩子们的智育发展，忽视了心智健全成长，我们对不起他们。"基础教育以人的全面发展为目标，英语教育虽然主要是语言教育，同样应考虑发展学生的核心素养。

面向行动式教学法的核心在于"交际和学习将通过完成任务来实现"，要求教师设计行动方案，并依据行动方案，有的放矢地组织学生参与行动。面向行动式教学法指导下的语言学习者是教学的中心，学习者"学"的过程是教学活动的核心过程。法国巴黎第五大学的教学法专家 Riquois 将行动方案的设计分为行动参考、行动编排和行动预设三个部分，具体包含七个环节（见表1）。

表1　行动方案设计的具体环节

行动参考	参考《框架》的语言能力等级
	确定授课目标
	考量学生的具体学习需求

续表

行动编排	确定任务形式和内容
	为学生设定行动"脚本"
行动预设	预设学生可能需要的帮助
	预设行动后的评估

通过方案设计，可以看出面向行动式教学法最大的革新是转换传统课堂中的教师角色和学生角色。学生变被动接受为主动学习、自主行动；教师则由传统的灌输转变为引导学生行动、为学生提供解决问题的辅助。引导学习者对他们自己的交际需求进行思考，从而引导他们有意识地学习和自主学习。有些任务或活动可以作为规划教学和搞好教学的手段（见表2）。

表2 语言教学任务（活动）表

任务类别	模拟、角色游戏、课堂互动等
终极目标	小组的学习目标与各个组员的学习目标之间的关系，因为各个组员的学习目标各不相同，且不易预见
学习载体	使用须知、由教师或学习者选择或制作的学习材料
教学内容	文本、概要、图表、文献等语言材料和学习所得，如学习意识、直觉、策略、做出决定和谈判的经历等
教学活动	认知/情感/体力/思维/小组/两人一组/个人活动等
作用	即活动参与者在策划、组织和活动中的作用
检查与评估	根据切题性、制约条件和期待等标准，按照难度和可行性，检查、评估教学任务的设计及其完成的情况

二、面向行动式教学模式的实践案例

笔者在英国布里斯托学习期间，很荣幸地近距离了解了在欧盟盛行的面向行动式教学法。教师们依据教材设计行动方案，在课堂上引领学生积极参与行动。教师花大量的时间备课，涉猎广泛，内容丰富，既备教材内容，又备学生需求，由一个又一个行动串联起整个备课内容。整个课堂是学生的舞台，授课中的教师是观众和助手。教师在教学中以行动为核心建构教学框架，将行动贯穿教学始终。

笔者在讲授外研版七年级上册 Module 10 Spring Festival，尝试使用上文提到的七个环节组织教学，效果良好。

（一）确定学习者的语言能力等级

《框架》的语言能力等级将外语学习者按照综合水平从低到高分为 A1 到 C2 共 6 个等级，课程的安排及行动方案的设计均需要遵循学习者的外语水平（见表 3）。

表 3　总体语言能力表

总体语言能力表	词汇能力量表
	词汇掌握程度量表
	语法能力量表
	语音能力量表
	拼写能力量表
	社会语言能力量表
	灵活性评估量表
	话语评估量表
	主题陈述评估量表
	话语的协调性评估量表
	口语表达的自如度评估量表
	语言表达的精确度评估量表

为了使等级对应的内容与听授课学生的真实水平更加匹配，笔者在接手班级教学时对学生进行外语水平测试，并且经过大约两个月的观察和记录，以确定学生所对应的能力等级，并据此匹配适合的内容和方案设计。笔者任教的这个班级可以确定为 B2 等级。

（二）确定授课目标

交际是任务的重要组成部分，面向行动式教学法注重真实交际能力的培养。课堂活动，无论是"真实的"或是"教学型的"，只要它们要求学习者能理解、能商谈和表达意思，从而达到一种交际效果的，就应视作交际性的。在完成交际任务的过程中，参与者进行互动、语言输入（接受）、语言输出（表达）、理解或中介服务，或者同时从事两个或两个以上的这类交际活动。语言习得的进程规律显示：交际性教学任务或活动是将学习者置于真实的交际场景中，这对学习者有意义，又具有相关性，因此此时此地的学习者正处于完全的学习环境之中（教室），这意味着学习者在参与选择交际任务，并进行管理和评估。笔者因此将本模块三个单元的授课目标确定为：

1. 能听懂春节前的准备活动，听懂对方有关正在发生什么的询问，询问对方正在做什么，描述春节前的准备活动。

2. 能读懂有关春节庆祝活动的内容，辨认细节与主题的关系，根据一个主题写出相关的细节内容。

3. 能用现在进行时询问和表达正在发生的事情，尤其是节日庆祝活动，能向外国友人介绍春节。

（三）考量学习者的具体学习需求

完成任何类型的交际任务都需要调动学习者相应的综合知识，如对世界的认识和经验、社会文化知识，以及学习能力和日常生活才干和能力等。不论是在真实的场景下，还是在学习或考试的过程中，为了完成一项交际任务，语言使用者和学习者还需要依靠语言交际能力，即：知识、语言能力、社会语言能力和语用能力。知识是指一般知识（对世界的认识）、社会文化知识和跨文化意识；语言能力指词汇能力、语法能力、语义能力、语音能力、拼写能力和正音能力；社会语言能力指的是表明社会关系的标识性词语、礼仪规则、大众智语、语体差异和方言与口音；语用能力是指话语能力和功能能力。

本模块教学中，笔者结合教材内容及学生实际需求，确定以下能力培养目标：

1. 知识能力：知道春节的习俗与圣诞节的不同之处，能表达中西方节日来由的能力；

2. 语言能力：用英文听、读、写关于"春节"主题的文章；

3. 社会语言能力：阅读有关节日的文章、表达中国人如何庆祝春节、撰写文章和评论、制作春节贺卡等；

4. 语用能力：进行角色扮演，演绎春节系列活动的能力。

（四）确定任务形式

任务，是日常生活中个人、公共领域、教育和职场中最常见的事情之一。个人完成一项任务，意味着策略地运用相关能力，确立了明确目标和具体内容，在某个方面采取一系列定向行动。在交际活动中，最重要的是成功完成交际任务，所以，在计划选择和组织交际活动的时候，必须保持形式与内容、流利与准确之间的平衡，这样才能顺利完成交际任务。

任务的实施需要考虑三个因素：学习者的能力、完成交际任务的条件和限制以及策略。在布置交际任务和介绍练习所要达到的目标时，教师提供必要的语言素材，充分调动学生已有的知识或经验，启发学生建构合适的认知模型，鼓励他们准备并规划交际任务。完成交际任务的质量除了受学习者自身的特点和能力影响之外，还与交际所特有的某些条件和限制有关联。教师应适当调控，以此增加或减少完成交际任务的难度。学生还需要选择、平衡、实施和协调相关的能力要素，以便对将要实施的交际任务进行规划、执行、跟踪和评估，以及必要时进行修补，这样才能成功地实现交际意图。策略在学生不同的能力和成功完成任务之间建立起重要联系。

本模块的教学中，笔者采用多元的任务形式，口语表达、书面表达、卡片制作、情景剧表演，多种形式叠加的综合任务。如教学中的第一个行动（任务）是讨论："What is the biggest festival in China? What do you think people usually do to get ready for Spring Festival?"。又如第二个行动（任务）是学习题为 "How do you get ready for Spring Festival?"。的文本，为此笔者引导学生观看 Lola 学习中国传统习俗的视频，并记录 Lola 与朋友们庆祝中国春节的方式，然后用英语向全班介绍。在设计中间任务（第三个任务）时，笔者将学生按照 3~4 人分成 12 个小组，让他们分工合作演绎"庆祝春节"的情景剧，课堂上笔者协助学生进行口头练习和表达并设计情景剧主题，让学生分组选择。情景剧主题分别有：大清洁、贴春联、办年货、剪头发、看春晚、团年饭、吃汤圆、吃饺子、放烟花爆竹、买新衣、派红包、拜年、舞狮舞龙。小组合作并排练，做好道具等物品的准备。

表4 教师"协助准备"任务一览表

Theme of scene play	
Division of work	
Prop preparation	
Stage lines	

设计的最终任务是：展示和评选。任务（活动）的展示阶段，学生根据前两个环节，向全班展示演出。设计意图是加强传统文化的认知，用英语演绎中国的传统习俗，培养学生跨文化交际能力。评价环节则是让学生学会自我评价和评价他人。

表5　学生评价表

Which three groups you think are the best ones, please write "√" on the □	1. □ 2. □ 3. □ 4. □ 5. □ 6. □ 7. □ 8. □ 9. □ 10. □ 11. □ 12. □
Who is the best actor?	
Who is the best actress?	

（五）为行动者设定行动"脚本"

所谓行动"脚本"（scenario），就是将真实世界中的交际情境与任务在课堂教学环境下加以模拟。从宏观角度讲，脚本是行动设计与行动执行之间的重要衔接，也是教师与学生之间建立以行动为纽带的教学关系的结点。本单元教学中，笔者帮助学生设计行动大纲，参与讨论行动方式，协助确立行动方案，提供行动所需的"后勤支援"，协助学生自编自导自演，做忠实的观众、做摄影师等。

（六）预设行动者可能需要的帮助

作为协助者，教师必须预判行动者在行动方案的编排与事实过程中可能遇到的困难，并提供必要的帮助。但是，教师提供的帮助仅仅止步于提供参考建议，并不会直接将解决方案告知学生，而是要学生自行寻求解决方案，进而促进学生能力提升。本单元教学中，笔者除了提供初始任务、中间任务、最终任务中学生所需的帮助外，还做了以下准备：

1. 将文本中的词语和句型归类，dance, clean, cook, meal, speak, happen, ready, get ready for, festival, beautiful, put things away, hard, floor, join, Festival, January, luck, dumpling, coat, tell. What's happening? / What are you doing at the moment? / I'm making big red lanterns. / Is your father helping you? No, he isn't. He's still at work. Have a look at.../ It means...，并为学生准备好可能需要的补充词语以及文本中没有出现的一些南北方庆祝春节的习俗知识。

2. 预设学生可能需要的帮助，比如南北方餐饮文化的异同、食物特色、民间文化习俗、学生行动方案制定过程中的协助与建议。

3. 以鼓励为主，在组建小组、成员分工、道具准备、台词等方面，时刻准备鼓励和提示，帮助个别内向的"演员"（学生）完成行动。

（七）预设行动后的评估

面向行动式教学法的一个难点是对行动和基于行动所培养的能力的评估。法国学者为面向行动式教学法的评估提出了三个原则：第一，评估应侧重交际能力，同时也包括为提升交际能力而储备的语言能力；第二，评估应坚持个体评估与协作评估相统一，既关注学习者的个体能力，也关注学习者相互之间的协作能力；第三，评估应以任务这一行动产出为重要依据。基于上述原则，评估应主要关注语言能力（对语言知识的掌握、听说读写能力的培养）、运用能力（使用语言完成各类行动任务的能力）、交际能力（与他人协作、沟通并融入团队的能力）和其他能力（学习者在行动中展现的其他方面的才能，如绘画、手工制作、计算机能力、书法、创意、领导才能等）。

本单元结束后，笔者在学生完成行动任务后进行了双向评估：一是学生的自我评价表；二是教师对学生能力的综合评价表。

表6　学生评价表

Items	Your ideas
How much I like the task	★ ★ ★ ★ ★
How much I get from the task	★ ★ ★ ★ ★
How difficult the task is for me	★ ★ ★ ★ ★
What worked well	★ ★ ★ ★ ★
What didn't work well	★ ★ ★ ★ ★
How to improve	★ ★ ★ ★ ★

表7　教师对学生四种能力的综合评价表

语言能力（对语言知识的理解和掌握、听说读写评能力的培养）	
运用能力（综合运用语言完成各类行动任务的能力）	
交际能力（与他人合作、沟通交流并融入团队的能力）	
其他能力（学习者在行动中展现的其他方面的才能，如绘画、手工制作、计算机能力、书法、创意、领导才能等）	

三、结语

面向行动式教学法为外语教学的模式与发展带来了新的思考平台，行动是面向行动式教学法强调的核心，重视学习者能力与地位的培养，与新课程标准的理念相同，强调以学生为主、以学为主的新理念和新模式。这充分体现了一种外语教学方式的转变。面向行动式教学法的一大革新特点是转换传统课堂中的教师角色和学生角色，学生变被动接受为主动学习、自主行动，教师由传统的知识灌输转变为引导学生学习和行动、为学生提供解决问题的辅助。

（本文于 2021 年 8 月发表于《教育科学》有删减）

基于深度学习的初中英语阅读教学策略

——《英语阅读教学的综合视野：理论与实践》读后感

这段时间我认真研读了《英语阅读教学的综合视野：理论与实践》。本书作者是浙江省教育厅教师、研究员葛秉芳。这是一本展示葛老师研究团队成果的书，从英语阅读教学中的目标定位、信息处理、思维培养、语言处理等多个方面探讨了英语阅读教学的理论与实践。看完之后，我受益匪浅，尤其是走"草根"路的书，用案例说话，用行动去改进和说话，为学生搭建一个从文字看到课文外、从课文到课文外看的台阶，用综合的眼光看阅读和阅读教学。

随着深度学习（Deep learning 或 Deeper Learning）研究的深入，我国教育领域的探索逐渐从大学扩展到中小学。在新课程标准颁布的背景下，英语课程的总体目标已经从综合语言使用能力的目标转向英语科目的核心素养，即语言能力、文化意识、思维品质、学习能力。在中学英语阅读教学中，教师不仅要培养学生的阅读能力，还要培养学生的思维能力，培养学生的深度学习能力。

一、初中教英语阅读的思路直接指向深度学习

指向深度学习的初中英语阅读教学思路包括深度学习的特点、深度学习的英语阅读水平、英语阅读教学的原则等。

（一）深度学习的特点

深度学习的特点是：将新概念、新知识归纳成现有的知识系统，有效融合新、旧观点，实现真实问题的解决。批判性思维，专注于创新。记忆、理解、应用属于浅层学习的层面，也是分析的基础。分析、评价和创造都属于高层次思维能力的范畴，这三个层次的学习都是深层次的，没有分析、评价和创造就谈不上深度学习。

（二）深度学习的英语阅读水平层次的划分

初中学生阅读水平可以根据由低到高的思维水平去划分。字面阅读是指对文本字面意思的理解，是最初获取文本内容的阅读活动，是浅层阅读阶段。解释性阅读是指学生将文本从感性理解转变为理性理解，是在理解文本内容的基础上，运用分析、综合等抽象思维，深刻理解字面意思的活动，是从浅读到深度阅读的过渡阶段。批判性阅读是学生对文本做出个人判断的阅读活动，是指学生对文本内容、文章表达、文体结构、语言特点和观点表达的评价和欣赏，是让学生超越话语，上升到与作者对话的层面，促进学生逻辑思维和辩证思维的发展。创意阅读是指学生在内化文本内容后，在文本之外产生新思路、新想法，学生利用阅读收益促进迁移和创新的阅读活动。批判性阅读和创造性阅读属于阅读的深层阶段。

（三）深度学习的英语阅读教学原则

1. 学生主体原则

英语阅读教学要充分发挥学生的主体作用，教师培养学生主动阅读、积极参与、主动体验、主动建构的意识，通过为学生的自主学习创造阅读活动，激发学生内在的阅读动力，促进学生阅读能力的发展。

2. 整体阅读原则

根据学生已有的经验，教师精心设计引起学生深层思考的问题，组织有意义的阅读活动，使学生从文本阅读的整体意识出发，通过沟通、合作、询问、提问等方式，学生可以从文本阅读的整体意识、语言知识的建构、语言技能的发展、思维能力的进阶提升等方面解决问题。

3. 超越语篇建构原则

在阅读教学过程中，教师引导学生充分发挥话语中传递意义的功能，引导学生深入阅读话语，把握主题意义，探索文化价值，文本特征与主题意义的相关性分析，通过活动引导学生参与、解决问题等过程进行自我建构、合作探究、交流展示、内化生成和迁移创新。

二、初中英语阅读教学策略，指向深度学习

深度学习的真正发生，不仅要求学生有一定的知识储备、毅力，还要掌握相应的方法和措施。深度学习有利于提高学生的学科核心素养，指向深度学习的阅读教学策略在落实新课标理念时尤为重要。为了更好地实现深度学习，把握和运用以下阅读教学策略显得十分有意义。

（一）基于深度学习的文本标题解读策略

文字标题通常是对文字的高度概括和提炼，是文章的精髓和点睛之笔。在初中阶段，学生阅读的文章一般不会太长，所以，标题的概括性很高，师生通过阅读文本标题可以推测文章的大致内容，甚至作者的观点和立场。

1.《英语（外研版）》的教材中有几个有趣的标题。七年级上册 Module 4 Unit 2 Healthy food and drink for children，从标题中可以猜测本文的主要内容，如下图示：

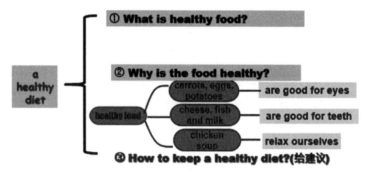

2. 以八年级下册 Module 3 Journey to space 为例。学生可以通过阅读标题 Unit 2 We have not found life on any other planets yet 推测人类没有在其他银河中发现生命。

（二）基于深度学习的文本问题驱动策略

通过问题驱动阅读策略，构建学生相关的背景知识，掌握文章内容，逐渐培养学生的文本结构意识，提高阅读教学的有效性，达到发展学生核心素养的目标。

1. 在"We have not found life on any other planets yet"一文中，最初用简洁的语言叙述太阳系，慢慢地转移到太阳系以外的银河。然后介绍了人类探索

宇宙的成果，最后提出了疑问：其他生命存在于地球之外吗？ Is there life in the universe? 随着问题的逐步展开，学生可以拉近接触科技文体时产生的陌生距离感。我们可以通过在阅读教学中提取问题，指导学生关注和把握文章的内容和结构，进而提高思维品质。

2. 外研版七年级下册 Module 8 Unit 2 Goldilocks hurried out of the house，作者采用问题驱动的阅读策略，循序渐进，让学生走向深度学习。

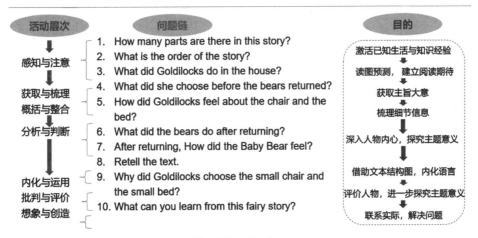

（三）基于深度学习的人物情感体会策略

通过关注人物的语言、动作来体会人物的情感变化，指导学生在与文本的互动中，主动获取关键信息，建构文本意义。

在 "Goldilocks hurried out of the house" 一文中，引导学生体验和想象金凤花少女的情绪状态。

场景一	场景二
She felt sorry because she finished the food in the little bowl	She was sorry because the small chair was in pieces.

场景三	场景四
She cried because the bears shouted at her.	Goldilocks jumped out of bed and hurried out of the house without her basket. She didn't go for a walk in the forest again.

在第一个场景中，Goldilocks 吃掉了碗里的食物，她觉得很抱歉。在第二个场景中，Goldilocks 坐坏一张小长椅，她很难过。在第三个场景中，当三只小灰熊回家大叫时，Goldilocks 吓得哭了起来。句末表现了 Goldilocks 害怕、慌张的心情。本文是学生在中学接触的第一个童话故事，通过聚焦童话语言引导学生体验人物情感的变化，引导他们自己发现、体验和感受文本的特征和结构。从语言的角度分析人物的情感变化，并从情感的角度判断人物性格。如果学生在课堂上花足够的时间分出角色，根据人物特点感性地朗读故事或进行本剧表演，他们的感受性和体验将更加深刻。

（四）基于深度学习的文化价值判断策略

新课程标准指出，加强学生的文化意识是英语科目的核心竞争力之一。英语教师在传授语言知识的同时，要提高跨文化交流意识，充分利用跨文化渗透策略，帮助学生通过宽容、尊重等优秀品质，了解西方文化。

在 "Goldilocks hurried out of the house" 一文中，"Why did Goldilocks choose a small bowl and a small bed？" 通过金凤花姑娘为什么选择小碗或大床来关注文本中的 "Goldilocks Principle：When you face many choices，you should choose what you like best. You should choose the most suitable one for you."。西方文化学者提出的著名的 "金凤凰原则" 是："正确的事情就是最好的东西。" 引导学生深入思考话语的意义，把握主题的意义，挖掘文化价值，把握话语的内容和主题意义。金凤花姑娘故事的真正价值在于，她并不是个贪得无厌的人，而是能时刻做出恰当选择的人。

（五）基于深度学习的课程思政融合策略

《课程思政》融入课堂教学是新时期学校所倡导和推进的，梳理学科内容，结合课程特点，深入挖掘英语阅读课文所蕴含的思想政治教育资源，将其有机融入阅读教学，从教学行为的另一个方面实现深度学习的产生，拓展深度学习的广度，实现目标、内容、活动三者的关联，实现思政要素与课堂要素的有机融合，课程思政润物无声。

1. 课程思政融入主题阅读

笔者在讲授"春节"Spring Festival 的主题阅读课时，通过央视精美的"中国春节"英文版来导入文本阅读。然后，学生学习关于春节风俗的英语表达方式，能用英语了解我们国家的春节风俗和主要庆祝方式，弘扬民族文化。最后，通过观看习近平主席新年贺词的视频，升华了整节课的思政高度。在读后环节，指导学生用英语写下自己对春节的感受，进而培养学生在实际情况下运用所学表达法的能力。通过挖掘春节传统活动的寓意和春节的意义，增强师生文化自信，将思政教育纳入英语课堂。

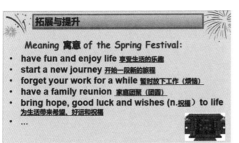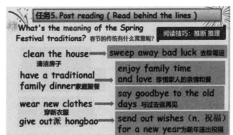

2. 课程思政融入绘本阅读

笔者尝试在学期第一课选择了作家宫西达也的经典绘本《狐狸的父亲笑了》作为上课内容。学期第一课从阅读故事开始，为学生创造了英语学习环境，拉近了与学生们的心理距离。同时故事传递的寓意——保持善良，也是学期倡导的班级核心文化，润物细腻无声，将课程思政有机融入课堂中。有了课堂文化，课堂管理就有了基础。引导学生拥有善意的心灵，努力做一个善良的人，合力形成一个善良的班级集体，友善更是社会主义核心价值观之一。

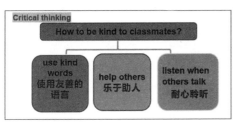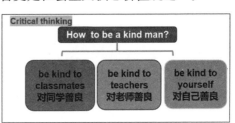

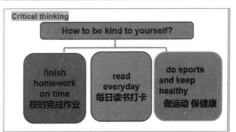

三、结语

《英语阅读教学的综合视野：理论与实践》这本书让我明白了什么是英语阅读教学的综合视野，就是教师组织阅读课堂教学时综合考虑文本内容理解与信息处理、思维能力培养、语言学习、策略水平提升、综合教学等因素。以深度学习为目标的初中英语阅读教学需要教师不断解读课文，分析课文和学情，根据核心素养理念设定教学目标，整合学习内容，设计探究活动，创造真实情境等。教师要启发和引导学生进行分析、评价、创造等深入的学习活动，并激励性地评价学生的微小进步。

中考英语阅读理解命题特点、解题技巧及备考策略

阅读是增长知识获取信息的最主要的途径之一。阅读理解题在中考试卷中所占比重比较大，所以，能否做好阅读理解题是中考成败的关键所在。笔者通过研读广东省佛山市的中考试题做出以下总结：

一、命题特点

（一）切合初中阶段教学目标要求；切合初中学生阅读理解水平的实际

初中是按"简单的阅读→朗读→获取直接信息的阅读→归纳分析式的深层次阅读"逐步发展的。命题时主要考查考生对文章中叙述的具体事实的理解能力（包括时间、地点、人物、事件等），以及根据上下文对某些词义、句义的推断理解能力和对文章的主旨大意、作者观点、态度的理解及考生的逻辑推断和判断能力。例如（广东佛山卷），（A）篇第 46 题通过上下文可知是 Mary 想玩耍后再去清洁，故选 D。第 48 题作者把自己的观点、态度借 butterfly 来娓娓道出，不难推断出答案为 C，让 Mary 受到启发和感染。第 46 至 50 题的答案依次是：D；C；C；B；C。

（二）语篇选材多样化，信息丰富

A 篇体裁为记叙文，选取了日常生活的题材，用拟人化的手法又带一点童话色彩。对话中有鲜明的英语语言文化特点，语言生动、地道纯正。B 篇的选材为社会、文化类，考查学生对英美国家的语言文化习俗的了解，有较丰富的文化蕴涵。C 篇体裁为说明文，选材属科普类，重视社会的热点问题，具有浓厚的时代气息。D 篇以表格信息的形式出现，图文并茂，让学生了解英国法律法规对青少年成长过程中不同年龄阶段的公民行为的明确规定，使学生通过阅读得知差异，使阅读考查更贴近实际生活。

（三）增加了生词量，加大推断词义能力的考查

根据课程标准的要求，学生应能阅读生词量不超过 3% 的文章。因此，对 3% 的生词利用构词法知识、根据上下文或整篇文章做出推断就成为学生应该具备的能力，进而在较高级的措辞中探索作者的隐含意思。

（四）试题设计适当，考点分布合理，干扰项设置水平高，语篇逻辑性强，在"深度"上也达到了较高层次

阅读语段用词浅显简练、生动活泼，语句富于变化，避免冗长沉重。常用词的深度或引申意义处理得当，题干简洁明晰。试题设计符合考生的认知水平，有效地避免违背生活常识的偏题、怪题。

中考的命题坚持了"稳中求变，变中求新，稳定中求发展"的指导思想，难度稳中有升，信度好，效度高，区分度强。所选文章语言地道，注重内容的时代气息和文化背景，测试点的语言层次及问题的设置向语篇深层转移，反映教学改革的基本精神，充分体现中考的最新命题趋向。

二、解题技巧

（一）分门别类识文体，把握文章的侧重点

不同的文体阅读的要求与方法不尽相同。记叙文阅读主要抓四大要素，即时间、地点、人物和事件的起因、发展和结果，以及人物之间的关系、表现，从中分析他们的思想品质、性格特征等。故事性的文章往往是让考生根据故事情节的描述，去猜测故事中人物之间的关系、故事发生的社会背景等；议论文是阐明作者对人或事的好坏的立场观点，因此在阅读时必须正确把握文章的论点和论据，再进行逻辑推理得出结论；应用文、说明文是最贴近日常生活的文体，对这类文体的阅读应简明扼要地抓住所需信息，理解文章内容。对学生来说比较困难的文章是科普性的，学生平时接触此类文章的机会较少，且这类文章的词汇多是生僻难懂。此类文章的问题多数是设置得比较简单，多数问题都能从文章中直接找出答案。

（二）了解问题，带着问题读文章，做到有目的地阅读

在阅读文章前，可快速地把文章所配的练习题看一遍，做到有目的地去

阅读。这种方法比较适合较长又较难看懂的文章，如果我们做到有的放矢，这样既省时间，而且准确率也较高。留意问句中的五个 Wh- 和 How 等问题，然后有针对性地对文章进行扫读，对有关信息进行快速定位、整合、甄别、分析、对比、筛选、提炼，形成概念，得出结论。这种方法特别适用于图形表格类题型的理解。

（三）速读全文，统览全篇，了解大意和主题

考生必须在十分有限的时间内运用略读、扫读、跳读等技巧快速阅读，搜寻关键词（key words）、主题句（topic sentence），碰到生词难句时不要停顿，边读边通过上下文猜测词义，从整体上去领会文章大意，把握文中主要信息，注意首尾段意及各段主题句，这样就可以把握文章大意了。

（四）详读细节，抓住线索和主题句，做好深层理解题

文章的上下文、前后句、字里行间都存在不同的线索，把它们有机地串联起来，有助阅读。读一篇文章的过程中，要善于抓住每一段文章的主题句，留心一些关键词，注意文章的弦外之音。深层理解主要包括归纳概括题（中心思想加 title 等）和推理判断题。推理题在提问中常用的词有：infer, suggest, indicate 等，这是阅读理解中的难点。吃透文章的字面意思，推理才有前提和基础。

（五）开动脑筋巧猜词意，正确理解长句

考生词汇量再大，在阅读英语文章时也难免遇到生词，这就需要猜测该词的词义。换言之，这就是促使学生的知识内化的过程，学生要通过知识内化将内隐的心理活动转换为外置的行为，可以借助以下几种方法完成内化过程，通过构词、语法、定义、同位、对比、因果、常识、上下文等线索推断词义。

（六）留心具体命题点，巧用排除法答题，注意检验答案

1. 具体命题点

（1）连词或介词后面的句子容易出题。如 but, however, while, though, as a result 等，是文章中的重要连接手段，这些词往往是作者表明自己观点的依据。

（2）例子和应用之处一般会出题。

（3）文章中带有形容词比较级和最高级的部分容易出题。

（4）文章中，结构复杂的句子往往蕴涵着试题。这些复杂的句型以定语从句居多，有时还是从句套从句。

2. 排除以下选项

（1）与文中陈述的事实相反的选项。

（2）文中完全没有提到的内容的选项。

（3）与全文内容或句子意义不沾边的选项。

（4）不合情理或荒谬的选项。

（5）表示间接或次要因素的选项。

三、备考策略

"侧重培养学生阅读英语的能力"是中学英语教学的目的之一，也是语言学习的主要目标。目前的中学英语教材扩大了语言信息的输入量（input），而扩大输入量主要体现在阅读量的增加。阅读在中学英语课堂被提到了前所未有的地位。在很大程度上，阅读是决定学生能否取得好成绩的关键。如何有效地指导学生进行阅读凸显了应用的重要性。但是，目前中学英语阅读教学中存在的主要问题：从学生方面来讲，长期以来习惯于逐词查、逐句念、整段译，导致阅读速度十分缓慢，读完一篇材料，还抓不住中心，不能有效地从所读材料中获取有用的信息，再加上平时学习任务就比较重，因而课外阅读的开展也相当困难。教师们往往认为只有加强基础训练才能解决提高阅读水平的问题，而事实上，学生已掌握了基本的语法规则，具备了初步的阅读能力，这就需要采取一种新的教学方法来解决上述问题。

（一）矫正学生对阅读的认识

教师要向学生反复讲清阅读正像我们平时看中文书一样，是为了与作者交流思想，获取信息，而不是研究语言，更不是破译密码。还要向学生说明，没有必要将材料中出现的所有生词都掌握，只要求阅读后知道文章的大意，这样不影响理解全文。

（二）精读教学和泛读教学相结合

学生的词汇和语言知识的获得及其阅读技巧的获得主要是在精读教学中进行。泛读可以使学生广泛接触语言材料，扩大知识面，拓宽眼界，不断保证更大的语言输入量。选好泛读材料，难度略高于教材，内容能吸引学生的兴趣。泛读材料可选 21st Century、New Concept English、《英语双语报》《英语辅导报》《英语周报》等等。

（三）培养阅读技巧，提高阅读质量

有了一定的语言知识和阅读能力后，如果学生掌握了有效的阅读技巧，那么，学生的阅读活动就会变得高效。巨大的成就感产生出心理优势，呈现出良性循环的态势。概括起来，阅读理解主要涉及以下几种阅读技巧。考查内容主要为：

1. 理解主旨要义；

2. 理解文中具体信息；

3. 根据上下文推测生词的词义；

4. 做出判断和推理；

5. 理解文章的基本结构；

6. 理解作者的意图和态度。

（四）改变学生不良的阅读习惯

一些不良的阅读习惯也会影响学生的阅读速度，如阅读时有嘴唇动和低声读、用手指着读的内容（指读）、不断回头、头脑摆动等。为了防止产生这些不良习惯，教师在阅读前应给学生作适当的提示，在平时训练时要反复提醒。

（五）保证学生的阅读量

阅读理解是复杂的综合性技能，并非学生常认为的那种"上阅读课时认真去读"就能解决的问题。课上进行专项计时或限时阅读训练，课下要布置适量的阅读，要求课上与课下紧密配合。

（本文于 2010 年 8 月发表于《新课程学习》有删减）

基于英语课程标准调整初中书面表达教学策略

近年来，随着新教材的全面实施和英语教学改革的深入，初中学生的听、说能力有了较大的改善。但是，对于要求较高的写的能力却不容乐观。我们根据教学实践以及收集到的反馈信息发现，初中生的英语写作仍是一个较为薄弱的环节，主要问题有：习惯用汉语的思维方式造句；单词拼写错误、大小写不分、书写不规范、语法错误；句子结构错漏严重、语不成句、内容贫乏、连贯性缺失等，这样的表达根本谈不上写作技巧和文采，造成了学生的英语语言四项基本技能发展不均衡，与英语课程标准关于培养学生综合运用语言能力和持续学习能力的总体目标也不符合。这表明写作在英语教学中没受到足够的重视，据此，我们可以得出这样一个重要信息，那就是强化初中生的写作能力训练已刻不容缓，势在必行。

一、原因分析

（一）学生方面

不少学生对英语写作有畏惧心理，在进行英语写作时会感到无从下笔，越觉得难写，就会越失去兴趣乃至信心，形成恶性循环，这些是学生方面的主要因素。另外，学生没有掌握好的学习方法也是导致写作问题产生的一个因素。因为英语写作涉及各种基础知识和技能，包括单词拼写、词汇搭配和运用、句型、时态、句子与段落间的连接与承启、语篇的连贯等，量多而面广。学生忽视对习作的修改，也不重视教师的批改，没有主动地反思和调整自己的写作方法。如果不下功夫认真学习并逐步积累知识，单凭考前突击训练几篇作文是不能"水到渠成"写出好文章的。

（二）教师方面

由于学生写作能力的提高缓慢或不明显，教师往往感到失望，在教授写作时信心不足。有的教师错误地认为，对学生写作能力的培养是初三的教学任务，是初三老师的事；有的教师或许抱有侥幸心理，误认为等到了升学考试时，学生自然而然地会重视写作；更有甚者几乎将初一、初二年级的写作教学省略了，常常是一笔带过，以布置回家写一篇短文作为课的匆忙收尾。正是教师的教学思路出现的严重错位，在教学目标的定位上有所偏差，导致学生错失了英语语言思维形成的"黄金期"。教师的教学方法也影响学生的写作水平。有些教师把听、说、读、写四个环节人为地割裂开来，从而不能有效地培养学生在写作方面的能力。这样的教学方式必然会使学生失去用英语写作的热情。因此，学生的英语书面表达能力整体偏低就不难理解了。

上述问题的出现，究其原因，主要是学生缺乏系统的、循序渐进的写作基本功的训练。问题虽然出在学生身上，但笔者认为根源在于教师。要想从根本上解决这个问题，我们就必须要端正思想并改进工作方法，坚决纠正对低年级学生写作能力训练不重视的错误认识，将学生英语写作能力的训练和培养进行到底，切实将初中阶段的英语写作教学落实到课堂教学的每个环节之中。

二、写作教学的探究和策略

（一）思想重视，转变教学观念，从点滴抓起

教师应严格按照新课标中关于初中英语教学的要求，确立新的教学观，制定适应性强的教学目标，重视写作教学的目标和重点定位问题，帮助学生养成良好的英语写作习惯，为他们将来更高层次的学习、工作、生活打好扎实的基础。写作能力的提高犹如"万丈高楼平地起"，一个词汇贫乏、句子结构都不懂的学生是难以用完整的语言来表达自己的思想的。因此，教师在教学中应重视培养学生扎实的语言基本功。教师应根据初中各单元的教学目标脚踏实地地实施教学步骤，要细化内容，钻研教法和学法，指导学生形成有效的写作策略。只有这样，学生的写作能力才会得到稳步的提高。

（二）指导到位，熟能生巧

1.审准题目，写全要点，灵活叙述，文理通顺

在试题说明和要求中都明确地指出了所写材料的目的要求，内容及单词

数，学生必须认真细致地看清要求，弄清题意，以免文不对题，要确保抓住要点，顾全要点。漏要点或要点不明会扣分，但也不能随意增加，那只会是"出力不讨好"。审题时，要对所写内容的体裁、格式、采用的主时态都要做到胸中有数。例如一篇日记往往是以"一般过去时"为主；记述一件事情也用过去时态；记述日常生活或某一个物体多用一般现在时；如果谈将来的事情多用一般将来时态。时态在短文中也不是单一的和固定的，有时是多种时态并用，要结合题目自然使用才好；有时同一内容，但题目要求要按照规定的体裁和格式去写；有的要求以对话形式表达；有的要求写 E-mail 等。其次，表达时要力求表述灵活，文理通顺。不管何种形式写作题，都要对所提供的情景做分析，先写什么，后写什么，应做统筹安排，既不能逐句翻译，也不能语无伦次，颠三倒四。要时刻强调学生应正确地运用词汇、短语、句型，努力避免语法错误。尽量用简单的句子表达最完整的意思，避免使用冗长、汉语式句子，否则会造成句子结构混乱，错误百出和表达不清的现象。提醒学生可以常用"and, but, so"等连词连接句子，使句子之间变得流畅和地道一些。在写作中遇到不会写的单词要避难就易，寻找其他途径，正所谓"用词有疑，另寻替代。"最后，在语言使用上应记住一个原则：能恰当表达思想的语言就是好的语言，也就是该用的语言。

2. 书写工整规范卷面整洁，单词拼写无误

工整的书写、整洁的卷面使人赏心悦目，使老师产生良好的心理感觉，决不能因书写潦草把本该得到的分数轻易送掉。教师应从初一抓起，严格培养学生严谨、认真、仔细、整洁的习惯，并进行专门的书写训练。经过一段时间的努力，学生的书写会有较大的进步。特别是应试考试时，最好打个草稿，重新抄写好每个单词，切不可词不成形、句不成行或随意改动。另外，绝大多数学生（包括一些优秀生）在写作时往往不注意大小写，乱用、错用标点符号现象较为普遍。有的甚至中文和英文的符号混合在一起使用，句号不用实心的点，而是用汉语的小圆圈，"She said"后不是用英文的逗号，而是用汉语的冒号，这些虽然是小细节，但是必须注意。

3. 挖掘教材资源，充分利用教材，提高写作能力

首先，丰富的词汇是写好作文的前提。所谓"巧妇难为无米之炊"，无句

难成篇，无词哪能成句呢？要想提高写作能力，首先需要过好单词关，学生要掌握一定的词汇量，并且把握好词的词性、词义及用法等。这就要求学生坚持每天听写、默写、循环记忆单词，使词汇得到最大限度的复现。其次，练句型，把握句子结构。如果学生脑子里没有丰富的词、句等语言材料，作文又怎能做到正确表达呢？因此，教师可充分利用课堂45分钟，对学生进行这一方面的训练。复述、改写和背诵是行之有效的方式。例如：七年级下册 Module 2 Spring Festival（春节）、Module 11 National heroes（詹天佑、杨利伟的爱国事迹）、八年级上册 Module 4 Education——Project Hope（希望工程）都可以是训练学生的好材料。教材是进行书面表达练习的最好材料，学生把学到的知识融会贯通到写作练习中，既锤炼了语言功底又促进了写作能力的提高。于是，在教学中每学完一篇对话或课文后，我利用课堂几分钟让学生进行口头复述，然后再用书面形式写下来。学生乐于复述，口头表达能力不断提高，写作兴趣也比较浓厚。同时，学习完一个模块后，我指导学生进行改写或仿写。通过这种训练方式，学生有了口语表达的产出，就能够过渡到笔头表达的输出。还有，要求学生背诵课文（或段或篇），积累语言的输入。俗语说："熟读唐诗三百首，不会作诗也会吟。"背诵是语言的输入。通过背诵，学生能够加深和巩固所学知识，牢记常用词汇、句型及固定表达，增加了语言知识的积累，为强化语言输出奠定了基础。

（三）创新评价和批改方式

教师对学生写作练习的批改，对于学生来说起着重要作用。学生无论从完成一篇文章的心情上来说，还是对于自己文章的好坏上来说都愿意让老师给予指点、给予肯定，哪怕是几分。学生对于每次练习都会产生几分成就感。为了能够使写作训练切实起到一定的效果，老师更应该认真给学生批改这些书面作文，以激励学生下一次更加认真地完成任务，最终达到写作训练的目的。教师可以采用不同的批改方式：可以将在批改学生习作过程中发现的常见错误集中起来，在课堂上呈现给学生，并和学生共同修改；同伴批改，学生相互阅读同伴的作文，指出同伴作文中存在的问题，并提出修改建议。笔者的教学实践也证明，在同伴反馈中，学生一方面通过作文与他人交流，另一方面也通过评判他人作文和研读他人评语使自己受益，取得进步；估计有的学生无法纠正错误，就直接指出错误的表达并给出正确的句式；另外，也可以仅仅标出错误的地方或用连线的方式，或写出更好的表达句式来提醒学生；也可从学生作文中选择一些较好的句子在讲评时宣读，让全班同学欣赏、借鉴，这同样可以增强这些同学的自信心，激发他们的写作热情和兴趣。

三、结语

"千里之行，始于足下"，写作教学是初中英语教学的一个重点，只要教师在教学中研究教材，遵循循序渐进的教学原则，坚持一步一个脚印的写作训练，学生的写作能力就一定会得到很大的提高。

（本文于 2010 年 9 月发表于《新课程》有删减）

杏树

课堂与技术融合

希沃白板 5 在英语智慧课堂的融合应用

——以外研版七年级下册 Module 2 为例

《新课标》要求"利用现代教育技术，拓宽学习和运用英语的渠道"。经过多年来不懈努力，笔者所在学校的教育信息化建设不断进步和完善，不仅为一线教师带来了先进的技术、信息化的思想、方法和价值观，而且装备了丰富、完善的基础设施，为教育教学信息化提供了重要的思想和物质基础，信息技术有效且高效应用于教育教学成为了大家的共识。近几年，学校应用"智能教学系统"的应用硬件和软件进行教育教学实践。其中，希沃白板 5 的应用改变了传统的多媒体教学只是简单地将视频、图片、音频、文字等展示给学生的模式，构建了智慧课堂，主要体现在教学手段和教学模式智慧化。借助希沃白板 5 平台构建的智慧课堂能够真正落实"以学生为主"的教学理念，创建人性化、个性化、信息化的学习环境，让师生在互动的环境中实现教学相长，是"学以致用，知行并进"的落地版本。智慧教育强调培养智慧型人才，提升学生的认知能力和思维能力，鼓励学生主动参与和互动学习、自主学习。

希沃白板 5 是以多媒体交互白板工具为应用核心的互动式教学平台，主要针对信息化教学需求设计，它包含多种新型的信息化工具，例如：在页面的任意地方绘制文本框、选取要绘制的形状，添加图像、音频和视频文件、可进行互动的课堂活动、自定义主题内容的思维导图、英语听写、英汉词典查询单词获取发音和授课单词卡、四线三格输入手写体英文，以及学科工具"板中板"、放大镜、截图、计时、聚光灯、摄像、幕布、实物拍照展示等。笔者在智能教学系统应用的实践中，不停留在工具层面和技术层面，而是深入到教学思想、教材结构和信息技术与学科深度融合等方面的研究。

一、色彩缤纷的活动设计，易于吸引学生的注意力

希沃白板里的课堂活动有趣味分类、超级分类、选词填空、知识配对、

分组竞争、判断对错。趣味分类的模板涵盖了16个丰富多彩的主题，例如：梦幻岛屿、恐龙火山、青青草原、冰雪城堡、沙滩海滨等无不吸引人的眼球。超级分类的9个模板具有诗情画意，如荷塘月色、水墨剪影、落叶知秋等，学生自然而然地被吸引。选词填空13个模板中的两个是专门用于英语课堂的趣味英语而设计的。知识配对的12个模板更能激发学生的想象力，它们分别是：天空之城、潜艇导弹、群花丛簇、海底潜艇、趣味拼图、鲤鱼旗、海底世界、森林小屋、面包小屋、实验室、城市路牌和基础模板。分组竞争的10个模板完全符合中小学生的年龄特征，例如：奇幻森林、可爱池塘、海上日出、晴空秋日、糖果世界、城市气球、冰天雪地、蛋糕小屋、太空星球和基础模板。判断对错的设计模板都是以"运动会"为主题，森林、小熊、喜羊羊、夏季、饼干、金秋、机器人、飞船等运动会，可讨学生欢心啦。

笔者在教学外研版七下M2 U1的时候，首先，应用了知识配对中的潜艇导弹和基础模板，让学生使用拖曳功能进行配对，在活动中理解对话内容。

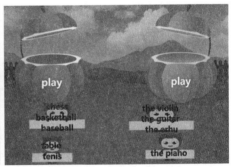

接着，根据教材内容，应用希沃白板里面的两人一组PK模板，设计了喜羊羊运动会，创设活动加深学生对对话的理解。用了趣味分类中的青青草原模板，让学生把球类和乐器类的词汇进行分类，实现在活动中学会学习。

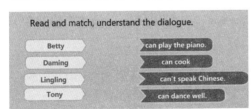

然后，采用了两组选词填空的模板，旨在训练学生对本课新词汇学习的运用。在语境中学习词汇、运用词汇，远比干巴巴地朗读或默写高效得多，而且，由词到句子、到语篇，符合语言学习的规律。

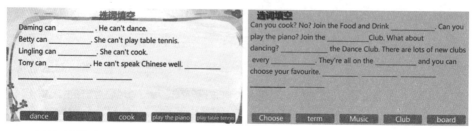

阅读教学中，设计了知识配对的群花从簇模板，让学生进行形象、生动的配对练习，在玩中学，进一步增强学生对课文的理解。

二、操作简易的思维导图，便于提升学生的记忆力

思维导图运用图文并重的技巧，将各级主题的关系用相互隶属的层级图表现出来，在主题关键词与图像、颜色之间建立记忆链接。在思维导图下，学生能够充分运用左右脑的机能，利用记忆、阅读、思维的规律，实现左右脑的协调发展，把人脑中的隐性知识显性化、可视化，便于人们思考、交流和表达。思维导图，便于提升学生的记忆力。笔者在教学外研版七下 Module 2 Unit 1 听说课和 Unit 2 读写课的时候，就应用了希沃白板的思维导图模板，帮助学生记住了课文中的人物关系，便于学生记忆。

再引导学生如何学以致用，把从教材里学到的知识与自己实际生活相结合，力求做到活学活用。笔者要求学生通过思维导图讲出自己的周末计划，把在教材中学到的内容，结合现实生活，变成自己的知识。

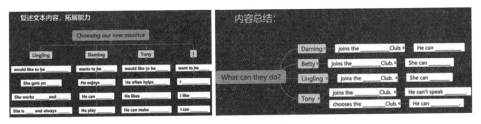

三、全面涵盖教材的听写，有利于延伸学生的听说活力

听技能在"听说读写"四项中排在首位，其重要性不言而喻。教师的日常听写是教师读出词汇，学生听到以后在各自的听写本上写出来，然后学生交本子，教师批改。希沃白板的"听写"模块功能却能很好地做好替代角色，而且发音纯正，它还会提醒：听写即将开始，请确认音量大小。另外，它还会播报和显示"单词数量、朗读次数"等，以便师生知晓并做好听写准备。

四、四线三格和英汉词典，有助于培养学生的自主学习力

点击"四线三格"按钮，系统自动弹出四线三格，输入本模块"How to choose your monitor?"中的关键单词 choose，然后点击"学科工具"，选择"英汉字典"，再次输入 choose，系统便会出现 choose 这个单词的音标、读音、中文解释、词组、例句、近义词等，还可以生成单词卡。使用"添加"和"编辑"更利于自主学习。

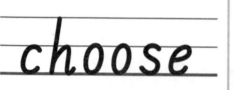

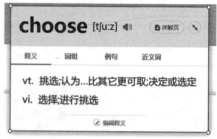

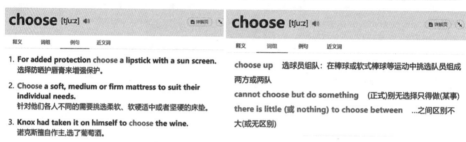

五、希沃白板 5 可帮助实现跨学科教学，促使智慧课堂的生成

结合外研版七年级上册 Module 2 的语法要点：学习情态动词 can 的用法，以及主题思想：如何作出选择？本课里，应用学科工具中的"古诗词"，抽选了七年级语文课必背古诗词杜甫的《江南逢李龟年》，进行古诗词的中英文学习。诗人杜甫当时写诗的背景是什么？大胆假设和想象"如果让诗人作出选择，他会如何选？（What can he do? He can...He will choose...）"本课使用三步创建学习：首先，填写诗词信息。接着，填写正文。"岐王宅里寻常见，崔九堂前几度闻。正是江南好风景，落花时节又逢君。"第三步，填写翻译，完成创建。诗中诗词人物特征明显，意境深远，学生不仅觉得新鲜、有趣味，而且能引发深度思考。

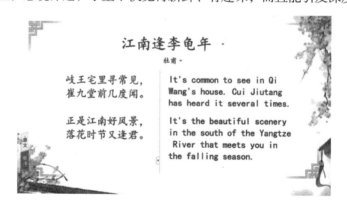

　　希沃白板5主要针对各学科信息化教学需求设计，它包含多种新型的信息化交互工具，呈现给大家的是多媒体交互白板工具为应用核心的互动式教学平台，例如：在页面的任意地方绘制文本框、选取要绘制的形状，添加图像、音频和视频文件、可进行互动的课堂活动、自定义主题内容的思维导图、英语听写、英汉词典查询单词获取发音和授课单词卡、四线三格输入手写体英文，以及学科工具"板中板"、放大镜、截图、移动、计时、聚光灯、批注、摄像、幕布、翻页、实物拍照展示等可供选择，助力课堂教学改革。笔者在希沃白板5的智能教学系统应用实践中，不像以往仅仅停留在工具层面和技术层面，而是初步深入到教学思想、教材结构和信息技术与学科深度融合等方面的研究。但知易行难，希沃白板5的智慧课堂园地还需勤奋耕耘，切实做到学以致用，知行并进。

（本文于2021年7月发表于《教师教育论坛》有删减）

小白板在初中英语写作课的融合应用

在初中英语教学中，写是听、说、读、写四项技能的重要组成部分之一，更是语言能力的综合表现形式。英语写作教学是初中英语教学中的一个难点，它最能体现一个教师的教学观和教学基本功，它反映出一个学生的英语运用能力和程度，是学生英语词汇、句型结构、技巧运用的综合体现。新课程标准、中考和高考制度改革对中学生的书面表达提出了更高的要求，写作更像横行在师生面前的石头一样，一直阻碍着师生前进的步伐，有时候更是伤透了师生的心，以致部分教师懒于动脑筋、怕辛苦，采取"避重就轻"的方式少上或不上写作课，也省却了批改一百几十篇作文的"苦况"。一些具有畏难情绪或者基础薄弱的学生采取"逃避"的方式，不愿意写作文，出现了学生听到写作心里烦、教师见到习作就头痛的现象。学生不喜欢上写作课，将写作看成负担，写出的文章人称错位、时序倒置、情节枯燥无味。

基于以上教学问题的思考，笔者尝试探讨小白板在初中英语写作课的融合应用策略。

一、小白板的应用对写作教学产生影响的分析

近几年出现的新技术对各行各业人们的生活、工作、交友都产生了深刻的变化，它们对教育也产生了重要的影响。个性化学习更加支持学习者自主学习，使他们在安排自己的学习计划时具有更多的自主性。社交化学习让越来越多的学生习惯于在协作中学习，教师不再是学生知识的唯一来源，他们从学习伙伴那里获得的知识与从教师那里获得的基本持平。孩子们通过互联网来学习，他们享受到了信息时代给生活和学习带来的便利，但往往其带来的弊端也不容忽视。学生太过于依赖电子产品，反而对咱们传统的工具忽略了。笔者带领着学生在课堂上反复使用小白板，包括听写、概括要点、写出信息点、画思

维导图、写作文等等，再次验证了传统的教学手段也有它的优势：它让学生实实在在地写一手好字；它让学生快速地看到自己与同伴的差距；它让教师即时掌握全班学生的学习情况；它让教师因为长期伏案"改作业"导致的"颈椎病、腰椎病"得以改善。

二、在英语写作教学过程中应用小白板的策略构建的步骤

通过上述对小白板的应用分析，结合传统教学的优势，并充分地分析初中英语写作教学目的和教学内容，结合初中生自身的学习特点，笔者创造性地初步构建了在初中英语写作教学过程中应用小白板的教学策略，具体如下：

（一）写作前

1. 使用小白板进行听写。 这是典型的传统教学手段，不仅帮助学生养成良好的书写习惯，实现"快速展示、即时反馈"的功能，而且同时省去了教师批改听写本的负担，大大缩短作业批改的反馈周期，同时更为写作打好铺垫。

2. 小组讨论，在小白板上写出作文将用到的信息点，例如：词汇、短语、时态、人称等学习支架。学生把思维导图画在小白板上，全组或者全班交流和分享。

（二）写作中

学生直接在小白板上写下自己的作文。教师观察学生的写作情况，便于对有困难的同学进行一对一的指导。

（三）写作后

1. 用平板电脑把学生小白板上的作文即时上传到课室的屏幕上，学生点评同伴的文章，可利用 word 文字处理软件的批注功能，师生、生生相互修改，可清楚、直观地看到他人的修改意见，便于讨论和改正，使学生印象更深刻。

2. 小组合作，学生在小组内互相批改彼此的文章，直接用红色的笔在小白板上做批注。

3. 展示优秀范文，进行师生分享。既能让学生学到优秀范文的优点，又是对学生写作的肯定和鼓励，能极大提高学生写作的积极性。

综上，笔者从写作前、写作中、写作后三个角度入手，构建了初中英语

写作课堂上应用小白板的教学策略，如下表所示：

表1　初中英语写作应用小白板的教学策略

写作时段	写作教学策略
写作前	使用小白板进行听写
	在小白板上列出写作提纲，师生讨论交流
写作中	提供与主题相关的词汇、短语等学习支架
	在小白板上写出文章
写作后	用 Word 等文字处理软件点评文章
	小组讨论，交流与批改，直接在小白板上进行批注
	展示优秀范文，进行师生分享

三、初中英语写作教学应用小白板的策略的行动研究

（一）行动研究准备

行动研究以解决教育实践中的问题为目的进行研究，它是一种创造性地运用理论解决实际问题的研究。行动研究中，研究者参与真实事件的运作过程，系统地搜集数据、分析问题、提出改革方案，并加以实施，仔细地检验改革的效果。行动研究的特点是在自然条件下进行实践，并对实践进行不断的反思，通过计划、行动、观察、反思四个环节进行。前两步是实践阶段，实施工作任务，后两步是反思阶段，对实践的结果进行观测，对照行动计划和目标，检测任务的完成情况，寻找原因，制定出下一步行动策略。行动研究是一个螺旋上升的发展过程，每个螺旋都包括计划、行动、观察、反思四个互相联系、互相依赖的环节。

本研究选择了杏坛梁銶琚中学九年级（1）班作为教学实验班，开展行动研究，主要目的在于探索初中英语写作教学应用小白板的策略，以提高学生的英语写作能力。

（二）行动研究方案设计

根据已构建的初中英语写作教学应用小白板的策略，从写作前、写作中、写作后实施策略，在实际教学实践中检验策略的有效性，并对不完善的地方进行修改和完善。

本次行动研究的总目标是通过小白板这个传统教学工具应用在初中英语写作教学过程中的行动研究，完善修改策略，促进学生在英语写作兴趣、写作方法等方面共同发展。行动研究在杏坛梁銶琚中学九年级（1）班进行教学实践。行动研究的方案包括：行动研究的目的、策略、实施步骤设计和反思内容设计。

（三）行动研究过程

行动研究过程包括计划、行动、观察和反思四个环节，它们是互相联系、互相依赖的环节，前两步是实践阶段，后两步是反思阶段。

在第一轮行动研究中，进行了"写作前——写作中——写作后"三个步骤的写作策略教学实践。为了改进教学、增强写作学习效果，根据课堂反馈记录做出策略调整。由于小白板的大小限制，当学生在课室前面展示时，坐在后排的学生看不清，因此，在写作后，增加了"用投影展示学生作文，进行师生分享"。

在第二轮行动研究中，进行了写作教学策略的四个维度分析，并且还进行了"写作前——写作中——写作后"三个步骤的写作教学策略的实践。

为了改进教学、增强写作学习效果，根据教师课堂反馈记录做出策略调整，在写作中，增加了信息题，适当加大难度。

（四）行动研究的总结

经过第三轮行动研究，实验班已进行了写作策略的教学实践。写作前的句子听写训练，能为学生打好写作的基础。信息题的阅读和填写信息卡，能使学生清楚写作的话题，并仔细审题。学生能在教师的鼓励下列出写作提纲，并根据提纲思路进行写作，基本能做到不跑题。写作过程中，学生能注意之前分析的句型错误、主谓不一致、用词错误及其他错误等情况，尽量避免类似错误出现。写作过程中，师生、生生间及时进行交流，对出现困难的同学，教师能进行一对一辅导，利于学生继续进行后续写作。学生能在写作后的 word 文字处理软件中进行文章的相互修改，能在优秀范文的欣赏中体会文章的优秀之处，能对白板上展示的易错词句印象深刻。经过三轮行动研究，学生的写作水平得到一定提高，在认知、能力、情感方面都得到了发展。在认知方面，学会了写作中的常见句型、常见连词；在能力方面，学生的写作能力得到很大提高；在情感方面，学生学会了合作交流，并能对英语写作产生兴趣。

四、小白板在初中英语写作教学策略的应用效果研究

本研究从认知理解能力、写作态度、英语写作方法三个方面进行了分析，具体分析结果如下：

（一）认知理解能力

在提升学生对英语写作的认知理解能力方面，如表2所示，得分率Fi的平均值为0.64，大于0，且各子项得分率均大于0，说明大多数学生认同通过采用"初中英语写作教学应用小白板的策略"进行教学可以提高自己对英语写作的认知理解能力。

表2 初中生的英语写作认知理解能力方面得分统计表

分析维度	描述	非常同意 +2	同意 +1	一般 0	不同意 −1	很不同意 −2	Fi
认知理解能力	加深了对句子结构的理解	29	17	2	0	0	0.66
	知道了按语境选用句子时态的方法	25	10	13	0	0	0.61
	深刻了解了句子主语与谓语单复数的关系	23	17	7	1	0	0.63
	加深了对标点符号使用的认识	22	24	1	1	0	0.68
	更加深刻了解了语态的用法	21	22	3	2	0	0.63

具体来讲，通过学习"初中英语写作教学应用小白板的策略研究"改进了学生这几方面：

1. 加深了对句子结构的理解；

2. 知道了按语境选用句子时态的方法；

3. 深刻了解了句子主语与谓语单复数的关系；

4. 加深了对标点符号使用的认识；

5. 更加深刻地了解了语态的用法。

（二）写作态度

在激发学生英语写作的积极性、使其形成正确的英语写作态度方面，大

多数学生在"初中英语写作教学应用小白板的策略"指导下的初中英语写作教学中，提高了对英语写作的兴趣，端正了写作态度。

（三）写作方法

在培养学生进一步掌握初中英语写作方法方面，得分率 Fi 的平均值为 0.59，大于 0，且各子项得分率均大于 0，说明大多数学生认可采用"小白板应用在初中英语教学中的策略"进行初中英语写作教学，可以进一步提高自己对初中英语写作方法的掌握。

表3　初中生对初中英语写作方法掌握情况得分统计表

分析维度	描述	非常同意 +2	同意 +1	一般 0	不同意 –1	很不同意 –2	Fi
写作方法方面	能够分析句子结构	23	18	7	0	0	0.65
	能够区分句子中的主语	23	14	11	0	0	0.61
	能够依据句子中的主语选择合适的谓语	17	24	7	0	0	0.59
	能够根据语境选用正确的时态	15	20	13	0	0	0.51

由于笔者自身研究能力的限制，以及研究视角的差异，在研究过程中难免会存在一定的局限性。由于研究者为在职教师，尚缺乏丰富扎实的理论知识，在初中英语写作教学中应用小白板的策略构建过程中，缺乏较为系统的、较为完整的理论指导，使得本研究所构建出的"初中英语写作教学应用小白板的策略"缺乏系统性、完整性，需要继续完善改进。本研究的教学实验应用效果研究部分只选取了杏坛梁銶琚中学九年级（1）班 48 位同学，实验样本较小，还应扩大实验范围，以进一步检验构建的策略的有效性。针对本研究中存在的不足，拟从以下两个方面开展后续研究：

首先是在立足学科教学的同时，加大对教育教学相关理论知识的学习，积累丰富的理论知识，在实践的基础之上不断提升、完善自己的初中英语写作教学策略。

其次是扩大试验班级，深入和全面地对初中英语写作教学应用小白板的策略进行应用，进一步检验该策略的有效性。

（本文于 2017 年 5 月发表于《读写算——教育信息技术》有删减）

人工智能在初中英语词汇自主学习中的融合应用

人工智能逐渐成为教育教学中炙手可热的新领域，借助人工智能（Artificial Intelligence）的计算能力与存储能力，为学生提供词汇方面的个性化学习、语音识别测评、对词汇自主学习体系进行反馈和评测等。人工智能的大数据（Big Data）在学生词汇自主学习数据收集、整合、分析、结果应用方面大大减轻了教师的负担，给教师带来极大的方便。英语的词汇教学要在语境中提升水平，输入和输出都与听说读写相关。利用人工智能技术优势，多模态的输入，数据跟踪，推送资源，使教与学环境发生了变化，从而变革学习方式。

一、初中词汇学习的目标与重要性

词汇是英语学习的基本组成部分，是句子、段落、篇章的基础。《义务教育英语课程标准（2011 年版）》（以下简称《课标》）提出初三毕业生需要达到知识目标的词汇量为 1500~1600 和 200~300 个习惯用语或固定搭配，初步认识词的音、形、义三者之间的关系，运用词汇描述事物、行为、特征、说明概念等。听说读写四个语言技能的形成和培养必须有一定的语言材料为基础，词汇的掌握是积累语言材料最重要的一个方面。听和读需要接受性词汇知识，说和写需要产出性词汇知识。初中英语词汇学习的要求不仅是对单词的记忆和拼写，以及掌握对应汉语的意思，而且还包括单词的语法惯用法、词语搭配、功能和语义关联等。只有积累足够的词汇量，学生才能培养综合运用语言的能力，才能落实培养学生英语学科素养的目标。

二、基于人工智能的初中词汇自主学习融合策略

笔者使用外研版英语教材，在词汇编排上主要集中呈现在各模块词汇表中，以及分散在模块中的各个单元里，包括听说课、读写课和综合课。在初中阶段，一个单词的含义会受上下文的制约，学习时可以通过不同方法了解语意

和情景之间的关系，以便准确理解词意。

（一）结合语境，精准理解

人工智能技术应用与英语学科教学是必然趋势，借助于文字、图片、声音、动画等声像结合，图文并茂，构建多模态语境，激发学生学习动机。学生在翼课网平台上进行词汇的自主学习，配上插图和文字信息，激活了学生大脑中储存的相关语言图式，提高自主学习的自觉性。

（二）归纳难点，以点带面

词汇学习要结合句子的上下文建立语意联系，融入语境中理解其词义，推测出该词的确切含义。以 against 词汇自主学习为例，against 有"反对、违背、倚着、碰撞、逆着、……为背景"等意思，学生会觉得困惑、混淆不清。笔者列举含有该词核心词义的句子：

The board in front of our school warns drivers against passing the bridge.

学校门前的这个牌子提醒司机大桥禁止通行。

Drunken driving is against the law. 酒后驾驶是违法的。

Class 1 will play football against Class 2. 一班与二班比赛踢足球。

The teacher's desk is against the window. 老师的办公桌靠窗放着。

The heavy rain beat against the windows of the car. 大大的雨点击打着车窗。

Her red coat stood out against the snow. 她的红衣服在白雪中格外显眼。

（三）巧设情景，巩固运用

借助智能平台，巧妙创设情景，学生除了学得兴趣盎然之外，还可以在极短的时间里理解、掌握、运用词汇，提升了学习效率。学生通过两个栩栩如生的情景，认识和弄懂了感叹句 What 开头的句法：What a bad day (it is)! What fine weather (it is)！充分利用智能技术，根据学生的兴趣、基础、个性特征等合理地、恰当地、简约地为学生提供有利于学生观察、模仿和仿真体验目标的词汇应用。

三、人工智能加持的英语词汇自主学习应用模式

目前，人工智能技术充分发挥在初中英语教学中的各个方面，并且实现

与传统教学的优势互补。下面我们将探讨人工智能加持的英语词汇学习分别在听力、口语、阅读和写作四个方面的应用模式。

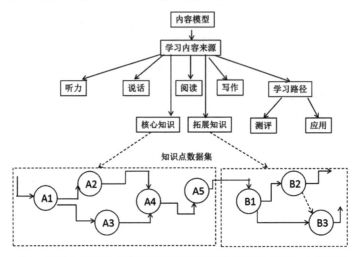

图1 基于人工智能的听说读写信息资源的词汇自主学习内容模型

图2 基于人工智能的听说读写的词汇自主定制资源库

教师使用过程中发现资源库里的基础知识复习、进阶知识复习、强化知识复习和预习内容都很丰富，教师们尤其喜爱预习内容这个版块，七年级学生可以利用假期预习八年级的内容，八年级学生预习九年级的内容，对于学有余力的同学来说，是超越自身的途径，体现了人工智能的先进性和优越性。

（一）基于资源库的人工智能技术在初中听力教学中的词汇应用

初中听力学习目标要求学习者能听懂有关熟悉话题的谈话，理解故事的因果关系，克服生词障碍、理解大意，从中提取信息和观点，用适当方式做出反应，以及能够记录简单信息。整个目标的表述离不开词汇量的积累，而资源库丰富的听力资源可以为学生提供个人感兴趣的内容进行自主学习和练习。将人工智能技术建立在资源库基础上应用于英语听力教学有以下优势：第一，可以帮助学生进行学习资源的自动匹配。人工智能技术可以通过对学生的个人偏好、兴趣、学习能力等特征信息进行分析，为学生从资源库中自动匹配和推送适合学生的听力材料，提高学生的学习兴趣和积极性。第二，可以实现学习和情境的交互。人工智能技术所推送的音频完全优于试卷纸上面的听力题目，资源库大量的图文并茂影像材料，听力内容里的发音、词意、词性、词语用法解释等，改善了听力教学中的词汇应用的可视反馈。

听力训练的资源库里显示出可供选择的材料的难易度和难易系数，便于学生根据自身基础去选择。以《外研版八年级下册》Module 3 为例，进行"听长对话选答案"的听力推送：

（1）What has Tony made for his school project?

A. A model plane　　　B. A model ship　　　C. A model spaceship

（2）What's the latest news?

A. Scientists have sent a spaceship to the moon.

B. Astronauts have sent a spaceship to Mars.

C. Scientists have sent a spaceship to Mars.

听力材料是学生感到陌生和困难的内容，如果单靠教师在课堂上组织学生训练，有些同学可能还没听清楚就过去了，使用人工智能辅助的话，学生可以在自主选定的时间里反复听，直至听懂听明白为止，尤其是天文、科技类的单词，学生对这些类别的词汇深感困难。在人工智能技术加持下，学生就可以一个一个难题过关，无形中也增强了他们学好英语的动力和信心。

（二）基于大数据的人工智能技术在初中英语口语中的词汇应用

AI 结合 ASR（自然语言识别）、NLP（自然语言处理技术）及神经网络语音分析技术，智能语言评分模型，基于中高考评分标准及专家打分标准，可提供多维度的口语评测反馈，包括语音、语调、重读等。AI 智能评分纠错帮助学生自主同步学习词汇，如国际音标、情境对话、同步 / 模仿朗读、趣味配音、口头作文、人机对话系统、PK 挑战等，海量信息造就了大数据收集的实现。通过读记词语、课文跟读、口头回答问题、情景对话、口头表达、信息转达等提升"说"的技能，尤其是针对七、八年级的口语考试，充分体现数据驱动和实现个性支持。

1. 有趣的配音，提高词汇运用的趣味性

学生在智能平台上配音，影像中栩栩如生的场景模拟、人物对话、眼神交流、动作神态等增强了许多趣味性，学生配音完毕后，可收到即时反馈的分数和排名，收获满足感和成功感。

2. 有梯度的对话和课文跟读，符合词汇学习的发展规律

中国学生大多是内敛的，他们怕张口讲英语，怕说错、怕讲得不好、怕

别人笑话，由于多重害怕，就有了"哑巴"英语一说。学生在平台上对话或者跟读，他们反而觉得轻松，因为他们觉得平台不是"真人"，没有了思想负担，反而"读"的技能提升更快。以翼课网平台的《外研版八年级下册》Module 3 为例，Unit 1 是听说课，它提供的是对话跟读，难度系数：0.76。

Lingling：I'm interested in the space trip from the earth to Mars.

Lingling：I'm so exciting!

Lingling：Has the spaceship landed yet?

对话中的 interested，so exciting，yet 等词汇，都表达玲玲激动、好奇的心情。

Tony：I don't know.

Tony：Let's listen to the news on the radio and find out.

从 Let's ...and find out. 可以看出：通尼充满着期待。

News reporter：We've just had some news about the trip to Mars.

News reporter：The spaceship has reached Mars after a journey of eight months.

News reporter：It hasn't sent back any message yet，but scientists are waiting.

News reporter：As we know，there isn't any life on the moon.

News reporter：But scientists hope to find life on Mars and other planets.

从上面的对话跟读内容可以看出：身份和工作性质限定了新闻播报员的用语非常正式，as we know，but... 与玲玲和通尼的话语语调有所不同。

Unit 2 是读写课，它提供的是课文跟读，难度系数：0.69。以下是部分原文：

The earth is a planet and it goes around the sun. Seven other planets also go around the sun. None of them has an environment like that of the earth, so scientists do not think they will find life on them. The sun and its planets are called the solar system，and our solar system is a small part of a much larger group of stars and planets. There are billions of stars in the Galaxy, and our sun is only one of them.

此文段中的词汇，学生平时用得少，句子也比 Unit 1 对话的句子要长一些，难度也加大，发音和语义都较为陌生。通过智能平台，学生可以多次跟读，平台即时反馈朗读成绩，让学生进阶，获得成就感。

（三）基于人工智能加持的初中英语阅读教学中的词汇应用

人工智能加持的英语掌握式教学模式创新研究带给师生教学的便利和莫大的成效。以翼课网平台为例，人工智能辅助词汇学习，使阅读能力如虎添翼，提高更快。许多学生喜欢看着单词表、拿着单词书来记忆单词，但这样的学习是割裂的学习，只见树木不见森林，单词记住了却未必会使用，容易产生挫败感。然而利用翼课网辅助学习却能避免只记住单词不懂应用的情况发生，可以更快速和更好地打通词汇关，因为智能软件为学习者呈现的是完整的句子，而不是碎片式的语言。以翼课网平台为例，它可以提供阅读测评、阅读竞赛和跨教材阅读等多模态的资源，用多方举措来夯实学习者的词汇理解力。

1. 人工智能加持下，增强阅读中词汇学习的语境性

施旭认为"语境就是语篇（文本／会话）所发生的环境，包括人和事，也包括时间、地点"。胡壮麟认为"语境可以指语篇内部的环境，即'上下文'；它可以指语篇产生时的周围情况、事件性质、参与者的关系、时间、地点、方式等，可称为'情景语境'。"语境是词汇学习的环境因素。基于人工智能技术的阅读材料推送是在大数据的前提下达成的，将有助于学生改善阅读过程中某类词汇的薄弱之处。

2. 人工智能加持下，加大阅读中词汇使用的互动性

智能技术优于传统技术的最大体现在于实现多重交互、强化反馈和个性支持。通过大数据的反馈来评判学生在阅读过程中关于词汇自主学习的状态，提供学情诊断、词语分析与干预、及时反馈指导。以翼课网平台为例，平台会记录学生自主学习的痕迹，根据学生在阅读过程中存在的问题和反馈结果，有针对性地推送适合学生查漏补缺的资源，加大人机互动性。

3. 人工智能加持下，提高阅读中词汇分析的思辨性

阅读文本的问题分析是学生深入思考的途径，学生通过了解文章表层信息判断深层含义，文本中的关键词汇成为"钥匙"。词汇分析往往要求学生找到各段含义及各段之间的逻辑关系。较高层次的问题帮助学生对文本进行多角

度、多维度的思考，提高了学生高阶思维，也有助于学生思辨力的发展。

（四）基于人工智能技术加持的初中英语写作的词汇应用

智能学习批改引擎在学生英语写作训练中发挥大作用，主要体现在英语作文内容的批改上。在线写作，即写即批，有错误标注、纠正建议的智能提示。教师首先在作文系统中布置写作任务，学生在接收到作业后可以在作文系统中进行撰写，完成后由系统进行评阅，学生能够在第一时间知道自己的写作水平，改正写作中出现的问题，实现全程反馈。学生借助人工智能辅助来强化词汇的运用能力，通过补全句子、连词成句、组句成段、连句成篇、合段成文、书面表达等多种方式来提升"写"的技能。

1. 连词成句，夯实基础，提升自学主动性

仿照示例，难度系数 0.66，将给出的词语拼接成句，使句意通顺，然后读出完整句子。

I've just made a model spaceship.

1. he　　2. has　　3. just　　4. left

Has it arrived yet?

1. have　　2. you　　3. finished　　4. your homework　　5. yet

Astronauts has already been to the moon.

1. scientists　　2. have already　　3. sent　　4. spaceships

5. to　　6. the moon

We have not found life on any other planets yet.

1. they　　2. have　　3. not　　4. seen　　5. the film　　6. yet

学生通过智能平台，读出完整句子后，平台即时反馈信息给学生，提升自学主动性。

2. 词汇——对话选词填空，在语境中提升词汇运用的能力

用所给单词的适当形式填空，补全对话，难度系数 0.47，（每词限用一次；有两个是多余的）。

备选项：earth project see discover communicate environment space share

A：Have you ever _____ the film *Lost in Space*?

B：Yes. The hero in this film is William Hurt. He acted Roberson, a scientist. His family travelled to _____ to find new living space for people on the earth. They are brave when fighting against bad people. There are so many fighting actions in this movie. It is an action movie.

A：Did Roberson have much trouble?

B：Sure. Doctor Smith, a bad man with his robots wanted to stop Roberson's adventure, so Roberson was in trouble many times. He couldn't _____ with people on the earth and landed on an unknown planet at last.

3. 书面表达，模拟范文，提升文本整合能力

假如你最近买了一本新书《星际历险记》(*The Star Adventure*)。请你根据下面的内容提示写一篇英语短文介绍一下这本书。词数：80 词左右，内容提示：1. 作者：美国著名作家 Helen Smith 2. 定价：¥19.8 内容：两个孩子驾驶宇宙飞船去了一个星球，遇见了一个外星人并和他成为好朋友。生词提示：alien 外星人

参考范文：One possible version

I bought a book lately called *The Star Adventure*. The writer of it is Helen Smith. She is a famous American writer. The price of the book is 19.8 yuan. It is about such a wonderful story: two children go to a planet by spaceship. They meet an alien there. He takes them home and offers them food. He also takes them to travel around this planet. At last, they become good friends, but the two children have to leave though they don't want to leave this special friend.

四、结语

人工智能加持的英语词汇自主学习多模态应用，将增强学生的信心，提高学习积极性，提高学生学习词汇的能力。学生词汇过关了，就好比打通了一个人的任督二脉，就好比高楼大厦的地基打好了。学生养成良好的词汇学习习惯后，将有助于听说读写四项技能的提升。通过行动实践探索，人工智能技术

的应用把教师从繁杂、重复性较高的环节中解放出来，把精力更集中到教育教学的创造性环节中去，促进教育教学的进一步发展。

（本文于 2020 年 10 月发表于《教育学文摘》有删减）

人工智能在以读促写自主发展能力中的融合应用

人类历史进程中的前三次工业革命的动力分别是：蒸汽机、电力、计算机，第四次工业革命依靠的是人工智能（Artificial Intelligence，简称 AI）。当今，人们的社会生活离不开人工智能的广泛应用，人工智能也影响着学校的教育活动。无论是文本阅读或话题写作都可以享受到数字化人工智能环境提供的各种辅助或协作服务，影响的方式可通过个体学习的高水平应用来实现。在读和写的知识与技能迁移过程中，加大阅读量和提升阅读技能，有助于丰富写作内容和积累写作语言，发展写作技能，反之亦然。

"以读促写"教学的价值和着力点实际就是"语言输入——语言内化——语言输出"的过程。学习者通过英语阅读材料的语境有效地学习英语语言知识和表达习惯，从而为英语语言的模仿、加工和输出提供基础，为英语写作提供保证。

图 1　以读促写过程图

一、基于人工智能的以读促写自主发展能力的教学策略

（一）续写改编，激发想象力

在记叙文中，引导学生通过续写故事结尾、改编故事等活动进行想象创造，激发想象力。在初二下学期，笔者发现班里的学生续写或改编的能力较为薄弱。在实际写作中，学生出现了叙述视角呆板或混乱不清、情节详略不当、重点内容不够突出、情节描写少、环境描写词语贫乏等问题。笔者尝试借助智能平台上的资源对学生进行续写和改编故事的策略指导，以提升他们的想象力

和创造力。外研版八年级下册 Module 2 Experience，运用现在完成时来描述自己和他人的经历，笔者在题库中选取了 traffic and transport 话题的故事性文章供学生自主选择阅读，在大量的语言输入基础上，再布置学生续写教材的文本故事或者改写文本故事的结尾，尤其指导他们在阅读过程中，积累相同话题表达的句式，用在自己续写或改写过程中，不仅加深了文本内容的记忆，而且在词汇、句型、语法等方面都得到自主发展。

（二）启发质疑，发展批判性思维

在说明文教学中开展问题解决的任务型教学，探讨解决开放性问题，启发学生质疑评价能力，发展批判性思维。一个完整的阅读过程应包括理解性阅读以及批判性阅读。批判性阅读是一个个性化的阅读过程，教师要促进学生激活自己的个性化认知图式，表明情感态度，深入主题对文本进行深层理解和评价性欣赏。学生读思结合，随文表达，形成读写联系体，开展语言应用实践活动。仍以外研版八年级下册 Module 3 Space 为例，在对文本进行整体学习理解后，教师让学生用平板电脑登录智能平台进行"读—思—悟—写"，力促读写一体，让学生读中思、读中评，并对"Is there any life on Mars?"这一开放性问题进行深入探讨。在自主阅读过程中，用表格、思维导图、批语等方式留下读后感想。笔者以问题探究为抓手，引发学生独立思考，发展批判性思维品质，阅读多篇同类型主题的文章，边阅读边思考，边阅读边感悟，边阅读边写下个人的看法，把思想物化成文字表达。

（三）体悟语言，培养思维转化力

在智能平台阅读库里的时文阅读和每周固定的报刊阅读过程中，引导学生体悟语言，培养学生写作思维的转化力。学生的语言知识就是把阅读所得、所思和所想表达出来，进而转化为语言能力。学生基于学习理解和运用实践中获得的语言材料，通过缩写、仿写、扩写、改写和续写等方式，在新的语言情境中产生迁移创新，进行写作训练。无论采取哪种读写方式，旨在拓展主题，转化学生的思维力，进一步提高语言的学用能力。量变产生质变，学生在写作中有意识地将原文的思维认知和图式进行迁移创新，借助原文的表达，在写作中升华了主题意义，体悟语言的同时，又培养了思维转化力。根据布鲁姆认知目标结构图，教师设计的读写活动需要在思维认知水平上呈现梯度性，由低到高，遵循认知规律。

图2 布鲁姆认知目标结构图

二、基于人工智能的以读促写自主发展能力的活动

人工智能在英语教学中的应用推动了英语学习的精准测评、个性化教学和大数据分析。随着人工智能研究的日益成熟，人机对话、分级阅读、智能批改等得到广泛应用且广受好评。

（一）人机对话，助力以读促说和以读促写

近年来随着初中英语听力人机对话逐步全面实施，笔者非常关注如何借助阅读提升学生的口语表达能力，尝试了多种将口语教学与阅读教学有机结合的方法，致力提升学生在实际生活中说的能力。英语的语言技能中听和读是理解的技能，说和写是表达的技能，它们在语言学习中相辅相成、相互促进。受母语的影响，学生在口语输出中依然存在诸多问题，他们如果连"说"这一关都不够好，"写"这一关就更难通过，例如语言储备匮乏、内容单调乏味、句式出错、表达生硬、缺乏连续性与逻辑性。应用翼课网上的人机对话功能，有机融合阅读与口语输出，以读促说，进而提高以读促写方面的能力。先听录音，再朗读，最后录音，是学生训练语感的绝好方法。通过句子、短文和看图说话，训练学生语言输出和输入的轮换。

（二）分级阅读，发展自主能力，夯实核心素养

智能平台中的英语分级阅读，使学生感受阅读带来的乐趣和满足。系统根据学生的不同阅读水平来选择阶梯式的读物，匹配适合学生个人的文章，解决了学生阅读的畏难情绪和困境。对比传统分级阅读，人工智能的分级阅读可

以更加高效地进行测定分析，依据学生的兴趣爱好和阅读水平的数据挖掘个性化精准阅读，促进学生的自主能力发展，夯实英语学科的核心素养，同步实现学生的自适应阅读，达到了分级阅读的核心目的。教师和家长可以在智能系统平台快速精准地全方位监测分析学生的阅读情况。

（三）话题写作，智能批改和学情分析，加速自主发展能力提升

智能系统下的写作训练和智能批改，把教师从机械式的重复性劳动中解放出来。智能批改如图所示，大大改善教师批改作文耗时耗力的现状。笔者首先在线上布置话题写作任务，然后学生在智能平台上自主完成，最后，系统利用丰富的语料库资源，使用自然语言处理、图像识别以及数据挖掘等人工智能技术把学生的作文与语料库进行检测对比，进行自动批改，给出个性化的学情分析报告，能够迅速地对拼写、语法、句型搭配等标注错误部分和错误原因，并给出改进建议。教师、学生和家长能马上得到反馈并了解到最新的学习进展，依据此来实时调整写作进度和难度。

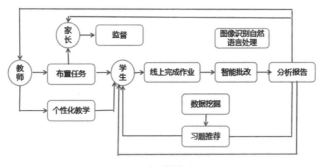

图 3 智能批改图

三、基于人工智能的以读促写自主发展能力的课程

以读促写是提升学生写作能力的重要途径之一，但在初中教学中，由于主教材的篇幅较短小、语言偏单一、情感价值略微匮乏，缺乏引导学生对同一主题的深入探究和拓展，因此，在以读促写教学中，阅读材料不能为写作提供特别有科学逻辑的语篇结构和生动丰富的语言，导致初中学生在写作过程中经常出现文章结构不完整、语言单一、内容空泛等情况，有的学生甚至把阅读文章抄下来，企图蒙混过关。在读写教学中，除所使用的英语教材，教师补充同

一主题其他版本教材文本或英语原版绘本十分必要。智能平台提供了极为丰富的资源供师生选择。

（一）阅读拓展课，拓宽阅读面

教材内纯粹的故事类记叙文不多，导致学生对记叙文章的阅读量偏少、阅读面狭窄。因此，教师有必要适时地开设与此相关的专题教学课程，如文学类的短篇小说欣赏课、微小说分析课等，把原汁原味的记叙文引入课堂，拓宽学生的阅读面。智能平台上的读物非常多样，供教师开设拓展课的参考空间很大。例如：翼课教材；中华文化阅读包括饮食文化、传统节假日、二十四节气、风俗习惯、文学与艺术、成语和民间故事、名胜古迹；美文欣赏；中学生百科英语；朗文英语；*English in Mind*；翼课时报；诗歌悦读；红色文化诵读。如此丰富的资源，不仅补充了教材不足的内容，而且提高了学生的阅读兴趣，扩大了阅读量，拓宽阅读面和眼界。

（二）写作拓展课，培养微技能

记叙文、议论文、说明文或应用文都分别有各自的语言特点和表达方式，单凭教材的文本内容不足以提升学生的写作微技能。教师可指导学生从句的表达方式、语法结构、词汇选择和谚语佳句等方面去培养和积累微技能，如在词汇选择上学会灵活使用，表达聪明，不仅会用 clever, bright，还会用 cool, smart, intelligent；要表达"我了解到…我已得知…"可用 I have learned / experienced / known / understood。教师还要指导学生关注记叙文所特有的描述性语言，例如描写人物动作、表情、心理活动和环境，事件发生的先后顺序等细节方面的语言，体会叙述的画面感。议论文的辩证观点、论据支撑等，并学以致用。

（三）电影赏析课，感受地道英语

为了克服教材的局限性，合理开发与利用英语课程资源就成为教师们应然之选。开发素材资源时，避免围绕教材来开发练习题、检测题、导学案等教辅类学习材料，不能一味地为考试的需要去开发所谓的应试资源，应注重选用真实、地道、完整、多样的英语材料。笔者在教学实践中，尝试开设电影赏析课，促进学生全面、可持续发展。在智能平台上精选精品微课、趣味配音、影视片段、经典影视等资源，推送给学生，指导学生细品地道的英语、感受语言的魅力。学生在趣味盎然的赏析课中听、说、读、写，沉浸在听、说、读、写的乐趣中，润物细无声，他们的语言自主发展能力就如雨后春笋般生根、发芽、茁壮成长。

四、结语

以读促写具有较强的促学价值，随着智能化学习终端的普及使用，用技术融合去提高学生以读促写的体验，促进他们自主发展能力的提高，在读写综合活动中夯实初中英语学科素养。在"双减"政策下，人工智能和学科教学的深度融合，定能创新外语教学的模式，使大数据分析和减负提质真正落地。

（本文于 2021 年 8 月发表于《启迪》有删减）

信息技术在英语写作教学中的融合应用

【教学内容】

外研版《英语》八年级（上）Module 4 Education Unit 2 Project Hope has built many schools.

【教学组织】

通过运用互动白板、开心指点教学系统、计算机及网络扩大学生的语言输入量，培养学生的口头和书面表达能力，提高学生的计算机运用能力；对学生进行自主式、协作式学习的训练；以四人小组为单位讨论、整理信息，锻炼学生利用英语进行交际的能力，同时培养他们的协作精神和共享意识。

【教学目的】

1. 学生完成教师提供的教学课件中的练习，完成教材"Think about your education. Answer the question. Use and，or，but to write more sentences."。

2. 学生浏览教师提供的网页课件中链接的网站，进一步加深对"Project Hope"的了解。

3. 利用因特网上的资源，拓展教材内容。学生通过浏览教师提供的有关"Project Hope"和"Culture box: More about Oxfam"的网址，运用自己的语言知识，在小组中用英语表达自己的见解，用电脑撰写一篇关于希望工程或助人自助以及对抗贫穷的文章，提高学习语言的实效性，培养学生的口头表达和书面表达能力。

【文化意识与情感态度】

通过对希望工程的介绍，了解中国重视教育的举措，有助于培养学生的民族意识以及对他人的关爱之情。

【学习者分析】

从生活经历来看，希望工程已深入人心。对于学生来说，他们只是参加过学校统一组织的捐款活动，而甚少或没有真正前往贫困山区的希望学校去实地考察。他们对希望工程的善举是较为模糊的，对"乐施会"这个组织就更加不了解了。他们以为就是捐钱，并不清楚这些机构的具体活动是包括许多方面的。通过本节课，可以让他们彼此分享和交流。

【整合点诊断和解决办法】

教材所展示出来的内容以希望工程为主题，讲述不同地区儿童的学习情况，以及"乐施会"这个慈善机构。可是，学生缺少这些方面的参与，如果照本宣科的话，学生难以有学习、讨论的情境，都会觉得陌生而茫然。为此，为学生创设适当的情境需要信息技术去整合。教材介绍希望工程时会用到现在完成时，以及 for 和 since 表达行为持续时间的用法，课件要将重点放在内容上，而不是语法上。通过整合对希望工程等话题的探讨，培养学生正确使用现在完成时及相关时间状语的能力。造句、仿写、改写等内容都是比较开放的活动，合作交流等都需要信息技术去整合。

【教学环境】

学生计算机教室。学生一人一机，可以在自己操作的计算机中直接上互联网。为了更好地调控课堂，我首先利用校园网络把教学课件下发到每个学生机上，要求学生利用课件进行自主学习。为了更好地营造高效的学习环境，学生人手一个遥控器，应用开心指点教学系统。在制作课件时，将学生要访问的网页链接到我制作的 Authorware 课件中，通过课件上的网址利用学校的服务器把每台计算机与互联网上要浏览的网页链接起来。这样可以防止学生在网络上迷路，使他们能够有目的、有针对性地进行探究性学习。在最后环节，还让学生同伴合作、互相批改文章，然后，在电子白板上呈现。

【教学步骤】

Step 1 导入（Presentation）：利用海外慈善活动的图片以及中国关于希望工程的追踪报道视频，为学生创设一个相对真实的情境，激发学生主动活动的思维过程。

Step 2 课文阅读（Text Learning）：通过"Around the world"，"Project Hope has built many schools."等文章让学生自主学习课文，完成教师提供的教学课件中的练习，完成教材"Think about your education. Answer the question. Use and, or, but to write more sentences."，增加学生读、写训练，尤其是句子的训练。

Step 3 操练（Practice）：通过 Pair work，让学生用英语对话，先互相交流，再交换批改，并且知道在句中使用连词 and，or，but。（在这一环节，适当应用开心指点教学系统。）

Step 4 网络阅读和合作交流（Internet Reading and Group work）：教师提出了"Four tasks"，在第一个任务中，给出了一些相关网址的链接，以便学生能够进入这些网站，分别就"Project Hope"和"Culture box: More about Oxfam"探究和获取对于任务有用的信息，并且互相合作，在小组中用英语表达自己的见解，用电脑撰写一篇约70字的文章。

Task 1：Learn more about Project Hope from the following websites.

Task 2：Talk about Project Hope and Oxfam around the world in groups.

Task 3：Group work

1.造句训练夯实基础。

2.仿写训练培养兴趣。

3.缩写、改写训练增强自信。

Task 4：Writing a composition on the computer.

Step 5：学生作品（Student Works）：学生互相批改，在电子白板上呈现。

【教学思考】

这节课采用了多维互动教学模式，它在以下几个方面赋予了课堂教学新

的意义:

1. 自主探究、合作学习激活一节英语作文课

学生自主探究、研讨、合作等学习活动贯穿于整个课堂活动中，强调了学生的学习体验和学习过程，改变了过去课堂教学中教师占主要地位的局面。学生由被动地接受知识转变为知识的主动构建者，成为课堂的主体；教师真正地扮演了课堂教学的引导（组织、指导、帮助、促进）者和课堂设计师的角色，关注了学生的个性以及创造力的发挥。本节课中所有的任务都是开放性的，学生自主学习课文、自主选择素材、交流与合作。在这节课中，学生在教学课件及教师的帮助下，有能力自主地完成对书面表达能力的建构。合作学习也是帮助学生提高英语写作水平的一个有效途径，它解决了因为班额大，大部分学生无法参与课堂教学活动而得不到语言实践机会的问题。通过小组讨论、大组交流、全班分享，人人都有份参与，学生就不会觉得写作课是单调的，是苦差事，反而会觉得有兴趣，写作水平也会随之提高。

2. 信息技术赋予英语作文教学全新的内涵

计算机网络媒体不仅仅是演示的工具，而且是创设情境、协作学习、会话交流的认知工具。教师不再是只有教材和教参，而是充分利用学校的多媒体资源对教学内容、教学评价及学生学习方式等进行优势互补。教师不再主宰课堂，忽视学生的主体地位，将学生置于消极、被动状况，而是处处从"学生的学"出发，为学生提供的语言信息量也是传统课堂无法比拟的。如：本节课中学生就能够更多、更详细地了解"Project Hope"和"乐施会"的情况，这些是从课文内容拓展开来的，为学生进一步自主学习提供了物质基础。教师不再是只注重书本知识传授，而是加强了学生实践活动能力及创新精神的培养，提高了学生学习兴趣，减轻了学习负担，激发了学生的主动性和创造性，使他们的潜能得到充分开发。

3. 借助信息技术，使教学路子更为清晰，教法体系更为完整

根据对语言本质和 I-Language 与 E-Language 之间的关系，深刻理解语言知识、语言技能、语言能力、语言素养之间的辩证关系（见 KSAF 金字塔）。

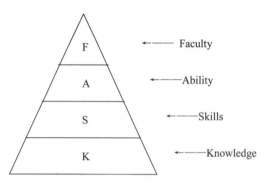

这一金字塔简捷、明快地说明了英语教学四个阶段的教学目标。尤其重要的是：它按语言知识、语言技能、语言能力、语言素养的顺序把英语教学的最终目标——提高语言素养，建立在了语言知识的坚实基础上。本节课循序渐进，环环相扣，完全体现了一条充满理性又切实可行的素质教育之路。不同于那种借素质教育之名，行忽视基础知识、空谈交际能力的教法。作文教学很强调扩大词汇的数量和重视提高词汇的质量，要由学习 individual words 过渡到掌握 lexical phrases, collocation, chunks, patterns。这节课中 Step 4 Task 3 就是根据这一理论来指导实践的。

在语言技能训练中，我既重视学生的听、说训练，同时也抓好学生的读和写。

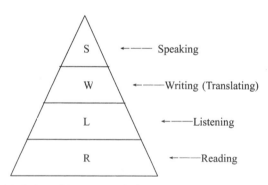

针对日常的教学实际情况，把读作为这些技能的基础，然后是听、说、写，而且在写的技能中又包含了翻译。这些教法体现了现今国际语言学界认可的 input-based instruction 这一教学路子，没有走进"忽视可理解性输入、过分强调输出"的错误教学路子的误区。本节课中的 Step 1 和 Step 2 就是让学生听和读，Step 3 就是说的比例多一些，然后 Step 4 是大量的读、说、写的训练，

Step 5 也是说和写的训练。这是包天仁教授所倡导的，也是符合当今潮流的、最新的教法系统：即"4P"教学方法（The English "Four-in-one" Classroom Teaching Methods，i.e.4P's Teaching Method），和以重视学生自主学习、体现 learning-centred 的英语学习策略。

4. 学科教学与信息技术整合课更需要"舍得智慧"

我们都很熟悉塞翁失马的故事。除却其中"祸兮福之所倚，福兮祸之所伏"的祸福观，引人深思的还有塞翁面对得与失的气度。我们的教学亦不例外，无论是课堂价值的定位，还是教学措施的选择，都存在这种得与失的转换。课堂教学，原本就是围绕一个目标综合调配与高效应用教学资源（师、生、学习材料）的过程，其中必然存在教师根据学情、根据知识间的关联程度有所取舍、有所扬弃、在内容和形式上有所偏重——或偏重于学法，或偏重于教法的处理和选择，而不能一味地"以谁为重，以谁为纲，以谁为本"地机械运作。对教法、学法以及教材的取舍是每一位教师走向成熟、走向大气的必经过程。教师只有有了这种独立、创新的"舍得智慧"，教材的知识结构才能实现有效联动，学生才能成为学习的主体，课堂才能成为师生共同成长的平台。本节课中的信息技术与学科教学的整合点是这样定位的：教学中任意一个步骤，只要信息技术支撑它的实施比常规手段好就称之为整合点。常规手段支撑其实施存在困难（或在质量及效率方面存在问题），而信息技术手段能够有效支撑教学的实施（或能够提高实施的质量及效率）。教材所展示出来的教学内容是"希望工程"，可是，学生除了捐款给希望工程以外，就觉得跟它很远。如果就文本去讲道、去述说，可能学生的学习兴趣不会浓厚，课堂效果也将大打折扣。为此，要充分调动学生的学习兴趣、展示学生的探究过程，加大课堂的信息容量等都需要信息技术去整合。我知道，任何人接触新知、探索新问题时都难免经历误区，只有在反复思考、跨越障碍之后，方能抵达正确认知的彼岸。

（本文于 2010 年 6 月发表于《教育信息技术》有删减）

杏花

支教经历与感悟

上善若水，真情相待

2021年8月31日，骄阳似火，我们到达连南瑶族自治县教育局楼下，随后跟着来接我们的支教学校的领导经过大约50分钟的车程来到大麦山镇中学，开始了为期一年的支教工作和生活。

在大麦山镇中学充实的一年，留下了许多值得回忆和令人感动的片段。总结成一句话就是：上善若水，真情相待。

一、做好副班任角色，凝聚班风，建设优良班级

在2021学年度中我担任九（2）班的跟班老师，相当于副班主任角色。我协助正班主任管理班级纪律，利用英语课、早读课、中午、第8节、课间和晚自习对该班学生进行思想教育；联系家长，及时解决学生的存在问题；大课间跟操，帮忙督促学生锻炼。由于许多家长都外出务工，留守儿童特别多，所以，我尤其注重孩子们的养成教育和个人卫生教育，帮助他们养成良好的生活习惯。记得有一天早上，我带着班里的值日生到我们班负责的区域打扫卫生，劳动委员走过来跟我聊天："老师，您真好，会和我们大家一起来打扫卫生，不只是在一旁叫同学如何如何做而已……"听到这些话，自己感到一丝欣慰，孩子们的眼睛雪亮无比啊！教师的一言一行都会带给他们深远的影响。我

协助组织该班学生参与校园文化活动以及各种比赛，例如，入校军训、春游、秋游、野炊活动、校运会、唱歌比赛、普通话朗诵比赛等，并获得好名次：学校运动会年级第一名，唱歌比赛年级第一名，普通话朗诵比赛二等奖。

二、教书育人传递爱，做学生的良师益友

我在任教的九年级（1）班、（2）班学生身上，倾注了爱心、关心和耐心。我深入了解每一个学生的不同情况，和他们建立起和谐的关系。有一次课间，我发现一位女同学趴在桌面上并且捂着肚子，表情很不舒服。我走过去关心地问她："是胃痛还是肚子痛？"她轻声回我："是例假来了，痛经。"于是，我一边嘱咐班长用个密封水壶装满热水给丫头暖肚子，一边马上回办公室泡了红枣姜茶给她喝。她坚持上完课后，很开心地跟我道谢："老师，您真好！"。

我非常关心学生的生活情况，和他们谈心，嘘寒问暖，亲自炒菜给他们加菜加餐，让他们品尝闻名遐迩的顺德菜。每次往返顺德和连南，我都是带着大包、小包的行李。为了激发他们的学习积极性，我特意制定了奖励规则：连续五次默写合格以上可以凭默写本获得抽奖一次；连续一周的英语课不睡觉，获得一次抽奖机会；每周能够工工整整地记录课堂笔记，抽奖一次。这些不仅是激励措施，也让他们懂得想要有收获，必须要付出。同样，一分耕耘一分收获也是这个理。我用爱心换取真心，盘同学特意送给我一个柚子，她说昨天是她的生日，她妈妈特别交代她带回学校送给英语老师；房同学在课间把她的烙饼分一半给我；唐同学从家里带了从山上采摘的药材。我们互加了微信，他们说等长大后，赚够路费就相约到顺德来看望我。我期待着……

由于德育工作做得比较出色，学校邀请我为全体教师做个专题讲座，所以，2021 年 11 月 15 日下午，在大麦山镇中学会议室，我做了题为"学校德育工作的实践与思考"的专题报告。我结合杏坛梁銶琚中学的成功做法，与在场 30 多位老师分享了以下几点：一、德育工作体系构建与实施；二、杏坛梁銶琚中学"立人教育"实施开展情况；三、德育管理的几点思考。我在谈到德育工作体系构建与实施时，主要阐述了五个方面的内容：落实德育为先的办学理念，练就四力并举的管理队伍，打造和谐高效的德育团队，制定完善的德育管理制度，推进全员育人。讲座结束后，我收到很多的好评，为自己能够帮到他们而感到很有意义。

三、融合交流，感受瑶族文化

以覃万雄校长为首的领导班子对我给予了非常多的热心关怀和支持，饭堂搭食免费、宿舍水电石油气费全免、日常生活用品基本配齐全（例如：手巾、洗漱用品、衣架、牙膏、水杯、电吹风、锅碗瓢盆、扫把、地拖、水桶、柴米油盐酱醋等一应俱全）节假日有工会慰问等等，使我免去了许多生活上的不便，倍感温暖。我积极与同事搞好关系，主动参与当地的文化活动。由于离家比较远，学校有食堂，中午我就在学校里就餐，常利用茶余饭后与同事们聊聊天，交流一下顺德与连南的不同教育生态和饮食文化，也谈论一些生活和工作上的琐事。生活上不向学校领导提出过多的要求，不搞特殊化，以该校教师的身份去规范自己，与其他教师打成一片，他们带我去参加他们的瑶族节日、出席他们的婚庆仪式、上山拔竹笋、去河里抓鱼等等。

四、联系顺德热心人士，促进两地交流

积德百年元气厚，读书三代雅人多。为了促进顺德和连南更多方面的交流，顺德书画协会代表、原杏坛梁銶琚中学校长肖国祥和广东省家庭教育讲师团首席讲师廖武先生，带着几位热心的社会人士莅临大麦山镇中学进行校服捐赠和公益讲座等活动。同行人员有：顺德杏坛塑料商会陈接胜和陈牛新总经理、佛山市喜报贸易有限公司陈立元总经理、广东佛山迪尔饮水机有限公司杨基林先生、潘祥中学余永贤主任。

捐赠的校服套装共有 290 套，饮水机一台，鱼罐头几十箱，清凉饮料几十箱，图书一批。肖国祥校长将亲自绘画的山水画赠与学校留念，并对全体师生做了热情洋溢的发言。陈牛新总经理和覃万雄校长出席了捐赠仪式，并和瑶族学生代表合影留念。廖武主编捐赠个人专著给学校，并主讲公益讲座，与同学们互动良好，气氛热烈。原籍连南三江镇的石成光和吕少叶伉俪在朋友圈得知此事后，立即通过微信转账 2000 元，用来奖励优秀学子。

《周易》中说："天行健，君子以自强不息；地势坤，君子以厚德载物。"心善则信誉高，言善则人缘广，行善则天地宽。

大麦山镇中学的同事们孜孜不倦扎根山区的教育工作，让我感受到了学校教育教学无私奉献的可贵。同事们勤劳朴实的工作作风，校园活动里蕴含的浓烈的瑶族风情，童心赤诚的孩子们的尊重与喜爱，还有这里漫山遍野的油菜花，我都永远不会忘记。我非常感谢麦中的领导和同事们，在这我向他们表示衷心的感谢。大麦山镇中学的支教经历将成为我教学生涯中的一段美好记忆。

感谢组织给了我这次一生难忘的支教机会，到任何一个地方，只要上善若水，就能真情相待。

（本文于 2023 年 10 月发表于《顺德教育》有删减）

教以互融，研以致远

2021 年 9 月至 2022 年 7 月，我担任连南瑶族自治县大麦山镇中学九年级（1）班和（2）班的英语任课教师。每周课时是正课 10 节，每节 40 分钟；早读课 4 节，7:50—8:10；中午辅导课 2 节，12:20—12:45；课后服务 2 节，16:45—17:20；晚自习 2 个晚上，19:00—21:00；每逢周三值班，课间看管纪律、巡堂评分、中午看管外宿生等。听说以前的学校管理较为轻松，不会排得满满当当。据说现在是把顺德学校的管理制度、经验和做法等都搬到连南了。

身在群山环抱之中的校园里，听着虫鸣鸟叫声，人的内心会平静下来，万籁俱寂时，更会不自觉地问自己：我在哪里？我在做什么？我能为他们做些什么？

我知道顺德和连南两地的教育生态迥然不同，与地域、经济、文化、历史等相关，但二者既有不同之处，也有能共融的地方。在我看来，教学教研是有互融之处的。

一、整体规划，分步实施，卓有成效

义务教育阶段九年级的教学是为了学生发展综合语言运用能力打基础，为他们继续学习英语和未来职业选择创造有利条件。首先，我对连南瑶族自治县使用的仁爱版教材做了整体的学习和了解。然后，做了详细的教学计划和铺排具体的教学内容。最后，是探索适合他们且能提高教学成绩的教学方法和手段。课程内容是基础教育阶段的重要组成部分，要帮助学生打好语音基础、听说能力的基础、进行有效阅读和写作的基础，形成良好的学习习惯和一定的自主学习能力，为学生今后的进一步学习和终身学习创造条件。我的做法如下：

第1步，尝试通过表扬、鼓励、奖励等方式，提高大部分学生学习英语的兴趣；

第2步，利用课后时间，以一对一的形式重点培养2~3个英语合格的学生和以同伴互学的形式辅导50分以上的学生；

第3步，试图通过课堂有效教学手段提高班级整体平均分3.5分；

第4步，通过精选基础题目，训练学生解答基础题目的能力，提高基础题的得分率，尤其是书面表达的训练，从第一学期的单元教学就开始。经过近一年的努力，我所教的班级在2022年7月份的中考取得了第一名的好成绩。大家都说：实践是检验真理的法宝，这也是最好的印证。

二、因材施教，进步看得见

在日常的教学中，与顺德的学生相比，这里的学生学习节奏慢很多，知识面相对窄，机械重复性的作业比较多，学习效率比较低。针对这些特点，在英语课上，我尝试采用启发式教学，精讲多练，在慢节奏的过程中启发学生的多项思维、发散思维，一词多读、一句多讲、一段多说、一题多练，以便他们掌握语言运用的规律，用连南初中英语教研员李琼老师的原话就是"谭氏范式"。比如在话题复习"个人情况和个人兴趣"时，启发学生用名词、形容词等多种方法进行表达，拓宽学生的思维方式，开阔他们的思路。学生们从一开始不敢开口到后来跃跃欲试、全员到讲台上脱稿英语，可谓是突飞猛进了。在阅读和写作教学中，我手把手教他们阅读技能和写作模板，增强他们的学习信心。在学生的作业中，我尽量不布置课后作业，都在课堂上解决，主要是归纳当天所学到的短语，让他们会读、记住词义和用法、会默写出来，日积月累语言知识，慢慢培养学生的英语素养。一年下来，两个班的学生都有进步，表现突出的是李春燕、房海英、房梅艳、盘静怡、房金妹、房六妹、房三妹、唐海丽等同学，在2022年中考中由于英语单科成绩占据优势，他们都考上了理想的高中。

三、精准教研，卓越于心

（一）精心备课，取得实效

支教一年，我除了任课之外，还肩负着指导年轻教师成长的工作。魏静华老师和我一起负责九年级备课组的教学任务。我们几乎每天都在探讨教学设计、课堂组织、作业分层等事情。我是提前一周备课，制作课件；然后，上课前一天再次备课，修改课件；上课当天，再次确认上课内容、各个环节的具体用时，以及预估学生可能出现的问题。在连南上课使用的教材和教学方法与在顺德上课使用的教材、教学方法完全不同。在顺德的教学设计中，我注重的是学生的语言能力、学习能力的培养和学生思维品质的提升。而在连南的教学设计中，我从学生的实际情况出发，着重在理解、分析和比较三个层次去安排教学活动。我花更多的时间在课件上多做注释，辅助学生听得懂、看得清、记得住。经过一年的努力，我和魏老师所任教班级的英语学科成绩是学校中考文化科的最好成绩。

（二）精致教改，收获好评

在连南支教的两个学期，每学期的教改目标不同，第一学期是改变新授课的教学模式，第二学期是中考备考复习的变革，务求做到精致，创出好成绩。新授课过程中的听说课，我勇于改变原来的教学模式，使用顺德成功的做法，再结合连南当地的学情，摸索出听说课的教学模式。不提前讲授教材后面词汇表的单词，因为词汇量大，脱离语境教学单词，只会增加学生的负担，徒劳无功。我是运用教材里面听说课第1、2部分的语篇，在对话中引导学生学习新词汇、短语和句型，创设情境让学生进行听说训练，在看、听、说的活动中，获取、梳理对话内容。在阅读语篇教学中，我引导学生观察教材里面的图片，猜测文本主题；学生通过阅读语篇，获取和概括文本的基本信息；我利用思维导图建构和呈现语篇信息，激发学生的求知欲并引发他们自主思考。在中考的备考复习期间，我根据连南学生的学情，在语法知识、阅读理解答题技巧和书面表达三大方面分别做了全面、系统、精致的分析、融合和原创，整理出一套《适合偏远地区学生的中考话题复习》，包括师生共用的学案、教师上课的配套课件、学案参考答案，全套资料字数共25531字。我毫无保留地把九年级两个学期的课件、题目和中考话题复习的资料全部留给了连南初中英语老师，以供他们使用。

（三）精准备赛，收获成果

我在支教期间，参加了清远市义务教育阶段的作业设计大赛。刚好是在上学期末收到比赛通知，我们迅速组队，利用教研时间集中学习比赛规则和评分标准，利用寒假分工合作。犹记得，春节前夕，我们参赛的6人利用手机经常视频、召开线上会议，商定参赛内容和呈现方式。我利用顺德的先进经验，精准地分析和指导此次比赛。设计理念：依据新课程标准，更新教学理念，在"双减"背景下，优化作业设计，实现"减负增效"，提高学生的英语学科核心素养。作业类型：采用分层式和菜单自选式、个人式与小组式结合等类型。首先，基础性作业与拓展性作业体现分层。其次，拓展性作业中的菜单自选式，满足个性化的需求，尊重学生的主体地位，激发学生学习的兴趣与动力。最后，菜单式作业中，个人作业培养学生自主学习习惯和能力，小组合作培养合作交流能力，两者结合，拓展英语学习的多种途径。作业内容：基础作业面向全体，落实课堂目标。拓展性作业关注个体差异，并体现趣味性、综合性、活动性、探究性。评价方式具有分层性、量化性、多样性。多种评价方式结合，让学生在评价中认识自己，拓宽思路，取长补短，以此做到以评促学、以评促教。由于我们准备精准且充分，大家通力协作，皇天不负有心人，我们荣获了清远市的一等奖和二等奖，打破了学校的历史纪录。

四、两地教研互融，行稳致远

支教的第一个月，我和连南初中英语教研员结缘相识，我多次应邀参加他们全县的教研活动，并作了专题发言和讲座。2021 年 11 月 30 日，我在连南瑶族自治县教师发展中心组织开展的"连南瑶族自治县初中英语课堂教学暨 2022 年中考备考研讨活动"中，为全县初中英语教师做了题为"以教师、学生和课堂为切入点建构多维度的教学评价"的专题讲座。2022 年 4 月 21 日在"2022 年中考备考专题培训"中为全县初中英语教师做了题为"始终把学生放在课堂最中心位置"的讲座。2022 年 6 月 24 日，在连南瑶族自治县教师发展中心组织开展的市级课题"课程思政融入初中英语阅读教学的实践研究——阅读教学课例研讨暨连南初中英语乡村教师同课异构活动"中，为全县乡村教师上了题为"Unit 8 The Seasons and the Weather Topic 3 Let's celebrate! Section C"的同课异构示范课，效果良好。

结语

2021 年秋天至 2022 年夏天，是顺德支教连南的第 11 个年头，我很荣幸参与这么有意义的工作，虽然要克服路途的遥远、生活的不便、教学的磨合等问题，但是更有意义的是做到了教学上的互相融合共进，教研上的行稳致远。

教师专业发展规划专题培训

今天，受覃校长的邀请，我在大麦山镇中学三楼会议室做了一个题为"教师专业发展规划暨职称评定是件水到渠成的事情"的专题讲座。老师们认真聆听的态度让我心中庆幸我没有马虎对待。

在月初和覃校长探讨这个问题时，他对我说：学校新教师多，而且全校还没有高级职称的教师，可不可以就这个主题来个专门的培训。当时我答应他在国庆节之后来做，因为这段时间忙于熟悉和研究教材内容和进行学情分析。但是，后来德育处的盘春莹主任希望我和班主任们做个交流，那么，两个活动都放在 10 月份的话，就比不上 9 月 1 次，10 月 1 次了。所以，我前几天利用周末收集资料，充分准备 PPT，希望能用微薄的力量帮到这边的老师们。

讲座分了四个主要内容：首先，我用自身的经历阐述了什么是教师的专业发展。专业发展是怎么样的？为什么要进行专业发展？简而言之，就是 What、How 和 Why 的内容。自我介绍的 PPT 实际上也是我个人专业发展之路的一个回顾吧。

第二个内容是关于一级职称结构评价要素以及一票否决项目：基本条件、育人条件、课程教学、教研科研、示范引领、加分项目。

第三个内容是关于高级职称评选条件：基本条件、育人条件、课程教学、教研科研、示范引领。

第四个内容是建议。教师的成长周期比学生的更长，从新手、熟手、能手到高手，教师的专业成长是学校的核心竞争力。一是教师的专业成长必须重视发展规划，包括教师专业发展模式和发展规划：社会环境分析、自我成长历程与素质分析、自我定位与总体目标、分享目标与任务、措施与条件；二是教育教学研究的选题和重点必须增强针对性，如核心素养、思维容量、有效互动、技术应用、创新意识、学生发展指导等；三是教师的专业成长可以有不同的途径：基本功、学科知识研究、师生关系、技术应用、课程建设、教法实验、课题研究、课堂教学模式创新等。

最后，是仪式感很重的颁发证书仪式。

后记：老师们的心得与体会。

学校德育工作的实践与思考

学校的德育工作是为教学服务。德育为先，说明了德育管理的重要性。

受房海生副校长、盘春莹主任的邀约，我在盘王节前夕和麦中的全体老师做了题为"学校德育工作的实践与思考"的主题交流。本来是10月份要完成的事情，因为忙于完成佛山市教研室"三阶段网络研修共同体"的事情耽搁了，真不好意思。

本次交流，主要包括三个方面：

第一，德育工作体系构建与实施。

第二，"立人教育"实施开展情况。

第三，德育管理的几点思考。

在这次交流中，我首先以錶中成功的德育管理体系生成的过程而展开。提到这个，真心佩服刘伏奇校长的睿智和卓越的管理方式，从无到有，从有到优，历经多年的打造，带领錶中的德育工作走向完善和辉煌。同时，也感谢曾国徽副校长、余宏佑主任、温燕珊级长、陈丽敏老师，他们接到我的微信或者电话信息，都毫无保留地把他们的资料传给我，无言感激！

錶中的德育工作体系构建与实施，主要通过五个方面进行。一是落实"德育为先"的办学理念；二是练就"四力并举"的管理队伍；三是打造和谐高

效的德育团队;四是制定完善的德育管理制度;五是推进全员育人、全程育人、全方位育人、全环境育人以及全空间育人。

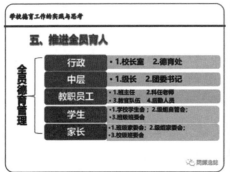

"立人教育"是录中德育品牌特色。刘校长早在 2014 年就确立了以"立人教育"作为学校德育品牌建设方向,并根据实际情况不断完善,最终形成了特色鲜明、成效显著的德育品牌。

杏坛梁銶琚初级中学是梁銶琚博士于 1984 年捐资兴建的一所公办初中。在学校沐芳亭镌刻有梁博士的一副对联:得志当为天下雨,立身须有古人风。学校继承和发扬梁銶琚博士"古人风"和"天下雨"的精神,把"立德、立言、立身、立行、立功"的"立人教育"作为学校办学特色。"立德"是指人格独立健全,思想积极健康,态度谦虚谨慎;"立言"是指言语规范文明,说话简明扼要,对问题有独立见解,善于把生活感悟提炼成有一定深度和思想性的言论;"立身"是有爱心、讲诚信,勇于担当,宽以待人,胸怀天下;"立行"是指培养学生良好的行为习惯、学习习惯与生活习惯,严于律己,举止端庄大方,乐于助人;"立功"是指正确认识成功的内涵,从小事做起,把小事做好,把书读好，分内事做好就是成功，要善待成功，追求卓越，做最优秀的自己。"立人教育"特色建设是学校发展的需求。

"立人教育"的实施途径有两种：一是开展特色鲜明的德育主题。一学年的主题分为：九月——感恩、十月——爱国、十一月——诚信、十二月——法治、一月二月——文明、三月——仁爱、四月——孝亲、五月——青春、六月——责任者十个主题教育月。活动形式主要为班会课、手抄报、家校共建、社会实践、班级展示等；二是开展丰富多彩的德育活动。教师节会组织征文、送祝福语，中秋节则有中秋游园活动，重阳节会有社区慰问送温暖活动，国庆节会开展手抄报或主题演讲活动，元旦期间会有新年音乐会、春节会开展现场挥春送对联活动，清明节会开展踏青访古、祭扫烈士等活动，五四青年节会组织青春礼活动，端午有包粽子等活动。

学校致力培养"开拓创新、追求卓越、敢于担当、胸怀天下"的新时代中学生，吸引学生参与学校、级组的管理，为他们搭建开放民主的自管平台，为此学校做了不断的探索、实践和创新，组建了"学生校务管理委员会"。2016学年成立的"学生校务管理委员会"的最大特点（功能）是让学生能有机会参与学校民主管理，实现面对面与校长反映学生意见和建议的民主权利。级组自管队伍是每个年级成立的由级长直接领导、以各班班长为主要成员的一支自管队伍。级组自管队伍由德育处参与统筹谋划，其组建和日常操作分工都在级长精心布局下进行。该队伍组织严密，分工到位。分时段参与级组管理，主要对学生会平时检查比较薄弱的时间段进行管理检查，填补了学生会检查的空白。如我校的正式早读时间在 7:30 进行，但是，在 7:00 到 7:25 早读课老师还没到学校这个真空时间，通过自管队伍的检查管理，早到学生都非常有序、守纪的在课室安静看书写字，这就是级组自管队伍管理效果的一个缩影。可以说，级组自管队伍是我校学生自管工作的一颗明星，自管工作效果非常好，逐渐形成学校德育管理体系的一个重要组成部分；是对原有学校自管队伍的一个纵深角度的补充，对学校德育管理有了极大的促进。此外，因为学生自管队伍的逐渐成熟，学校放手让学生锻炼的机会自然更多。

1. 国旗下讲话由德育处后台统筹调控，前台放手让学生组织、登台讲话。

2.主持级组层面会议：联考总结会、毕业主题教育会、走进毕业班、期末考试的动员会等会议每次都开展得很成功、很精彩。十个班级轮流主持，各有特色。

3.学生会的早午晚的检查评比完全由他们完成检查和评价（评价纳入班级量化考核）。学生参与管理程度越来越高，效果越来越好。

学校非常注重诚信教育，2016学年整个年度的主题教育都是围绕"诚信"展开，并延续至今。一方面我们利用国旗下讲话的主题演讲和文本展示、班会课等形式进行宣讲教育；另一方面，德育处与教务处联合，在考试上有所创新，推行诚信无人监考制度。除上级部门组织的统考必须要求有监考老师之外，我们的考场基本是无人监考的。在考试之前，我们会与学生和家长签订《杏坛梁銶琚初级中学诚信考试承诺书》，德育处会利用广播强调作弊的后果与代价，更多的是强调无人监考对学生诚信品行培养的重要性。学生在考场中自我约束，互相监督。事实证明，在我们推行的诚信无人监考制度下，学生作弊行为大为减少。

"立德树人"是学校教育的重要宗旨，也是教师对学生进行教育指导的重要责任。

道德素质的培养也对学生今后的学习和发展有着重要影响。学校需要加强对德育教育重要性的认识，积极地对学生开展道德教育，培养学生的道德观念，让学生逐渐形成正确的人生观和价值观。

德育队伍建设是学校德育工作是否收到成效的关键，打造一支强有力的德育队伍应该是校长优先考虑的事情，它能为教学质量的取得保驾护航。

班主任的角色定位：班主任是学生全面成长的引路人，影响学生成长的重要他人。

在社会日新月异的今天，学生的心理健康问题必须得到重视，尤其是网络世界的影响，它像一只无形的大手笼罩着青少年的世界。

解决方法可以有：

1.创造教育学的最佳情绪和环境。

2.对学生以心换心，做知心朋友。

3. 提高成绩"一步法"，不好高骛远。

4. 帮助家长改进教育方法，为学生创造良好的家庭环境。

5. 寻找学生身上的闪光点，不断加温，使冷漠变热情。

6. 通过意志强化训练，培养学生学习的信心和毅力。

一起来努力做个专业化的班主任吧！任重道远。

普通话诵百年伟业，规范字写时代篇章

中华五千年文明留下了博大精深的优秀传统文化，经典诵读能够传承其文化魅力，让孩子们感受到源远流长的民族精神，特别是经典的篇目能够让孩子的智慧得以提升。

今天很荣幸获得了七妹科长的邀请，观看了整个活动，并做评委。七妹科长为了这次比赛，做了大量的准备工作，忙前忙后，可见其组织能力很强。孟潮主任和剑辉团委书记也通力协助，力求在现有条件下做到最好，年轻人的精神可嘉！

下午3:00，在连南大麦山镇中学球场举行了题为"普通话诵百年伟业，规范字写时代篇章"的诵读比赛。全校10个班陆续登场，八、九年级的学姐、学哥们明显有经验一些，站姿、神态要自然得多；而七年级的学妹、学弟们由于上台的经历少，尤显得局促不安，眼神缺乏自信。同时，他们的校服还没分发下来，服装的得分就会吃亏一点。

印象最深的是八（2）班诵读的《黄鹤楼》，两位领诵员落落大方，配合手势和眼神交流，向听众展示了一代名胜黄鹤楼，接着引出全班同学诵读送别的时间和去向："烟花三月"的春色和东南形胜的"扬州"，最后，全班同学深情吟诵送别的场景：目送孤帆远去；只留一江春水。假如能穿上古装，就更能烘托出意境了。

　　九（2）班诵读余光中的《乡愁》，看起来有点少年不知愁滋味。看着永华和德文很用力去读，看着女同学很用心去读，看着罗老师不辞劳苦、特意把英语的早读课也用来排练，他们获得好名次也是意料之中。

　　经典诵读能够陶冶孩子们的品德和情操，在朗诵当中提升自己的普通话水平，培养爱国热情，让孩子们的性情更开朗和阳光，培养他们的自信。

　　活动在风雨来临前圆满结束。获得一等奖的是八（2）班；二等奖的是九（2）班、八（3）班、七（2）班；其他班级是三等奖，由房任荣支委和孟潮主任颁奖。

　　经典诵读也是一种素质教育。

瑶区少闲月，九月人倍忙

秋风飘过，秋天的味道。小麦沉甸甸的清香和村民家门口玉米棒子的清香萦绕大麦山中学的校园。还有花生香喷喷的味道，红薯的香糯滋味，混合成了秋天特有的馨香。

和风丽日，山峦起伏，坐落于群山之中的大麦山镇中学在金秋九月举行了简单而隆重的奖教奖学表彰会，全校师生一起出席。

首先颁发的是八年级同学质检总分前十名，他们分别是：房思怡、房高君、房英萍、房俊洁、房思蕾、房秋萍、房水晶、房菲菲、房梅婷和房锦锋。由覃校长为他们颁发了奖状和奖学金。

接着是九年级同学质检总分前十名，他们分别是：房金妹、李春燕、许培鑫、房梅艳、房金艳、唐梦妮、房和明、房秀英、房海英和唐慧怡。由覃校长和房校长为他们颁发了奖状和奖学金。

第三批获奖同学获得的是"进步学生奖"，他们分别是：唐丽、房观福、唐鑫莲、房秋萍、龙彩霞、唐田新、唐瑶、房炜俊、李娟、唐梦妮、盘美诗和房英萍。每个人最难超越的是自己，所以，获得进步奖的同学很值得鼓励，再接再厉哦！奖状和奖学金是精神和物质的双重鼓励啊！

第四批获奖同学是学科单科状元，语文科：房英萍和房金妹；数学科：房俊洁和房和明；英语科：房水晶和李春燕；道法科：房思怡和李春燕；历史科：房高君和房金妹；地理科：房高君、房秀英和李春燕；物理科：许培鑫；生物科：房高君和房金艳。山丹丹花开红艳艳，山村沸腾捷报扬。你们勤学好问，克服困难，芝麻开花节节高。沟壑翔飞金凤鸟，故里乡亲笑开颜。有些同学奖学金收到手软呢！

轮到老师们的领奖时刻了，获奖老师脸上洋溢着幸福的笑容。没有什么比付出了劳动，收获了丰收更让人欣慰的。听他们回忆说去年是艰苦奋斗的一年，是迎难而上的一年，是披荆斩棘的一年。恭喜所有获奖老师们！正是有你们卓越的付出，才能换来学校提升的质量，才能赢得家长的认同，才能收获学生成长的喜悦。

深秋帘幕大麦山，晨曦楼台教研风

深秋渐至，师生们都穿上两件套衣服，雨淅淅沥沥地下了一晚上，清早起来凉意更深，但是在七（4）班课室却感到暖意哄哄，同学们兴奋而紧张地等待着上课。

8:20—9:00 是麦中第一节课，主管教学的覃校长为我们带来了一节听说示范课。这也是我支教一月以来首次听课和评课，似乎有点懒，但平时从没偷懒，确实忙不过来哦。

教学内容： Unit 2 Keeping Healthy Topic 1—3

单元训练重点： 1. 新单词、句型；2. 语法：实义动词的一般疑问句；3. 功能话题：描述人的外貌特征和物品所属。

教材分析： 本节课是这一话题的第一节课。通过对话学习描述及询问人物外貌特征及 have / has 引导的表示所属关系的表达方式，"I / We / They have..." "She / He / It has..." "Do you / they have...?"，同时还学习身体部位名称的单词和描述人物外貌特征的基本形容词：ear, head, hair, face, small, big, round, long 等。

教学目标：

1. 会听、会读新单词 guess, have, has, know, right, small, big, round, wide, head, hair, face, eye, ear, nose, mouth, neck。

2. Grammar and Functions

（1）学会描述身体部位；（2）have / has 用法；（3）do 引导的一般疑问句。

3. 学生能够积极参与课堂活动，大胆实践。

教学重点：

1. 正确使用表示描述和询问人物外貌特征的表达方法；

2. 正确使用实义动词 have / has 在不同人称代词引导下的变化形式。

教学难点： 正确使用 have / has，与人合作，对人物外貌进行描写。

教学方法： 情境交际、合作交流、游戏、归纳小结。

教具准备： PPT，Multimedia。

教学课时： 1 个课时。

一上课，覃校就创设了情境，迅速导入新课。学生通过问和答的活动，看、听、说本课的新词汇。情境创设好，学生能快速地进入英语学习状态。

接着，覃校通过"猜一猜"游戏，让同学们个体自读，培养他们的自主学习能力。然后，进行了小组 PK 活动和同桌交流活动，对新授课的内容进行巩固，有意识地使用 have / has。通过活动，调动了不同层次的学生积极参与课堂，提高兴趣，激发学习热情。

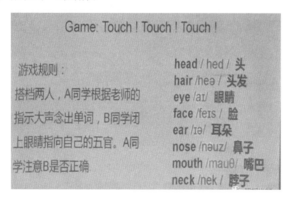

发现学生对个别新单词的发音不够正确时，覃校停下来，进行适当的点拨和纠正，没有因为公开课而公开课。

语言是个工具，学了就要用，不然等于白学或者没学。课堂上到了语言操练的环节，覃校巧妙地创设了不同的活动，为的是让同学们高效地进行语言的实践练习。

学生互动完毕后，是时候静下心来进行个体的学习活动啦。平时常说的"动静结合"在这里体现得恰到好处。围绕本节课的教学目标、重难点，课堂到了最关键的"攻坚克难"阶段。从照片可见，覃校长通过一个又一个的教学活动，带领学生把本课书的重点反复学习和练习，一直把学生置于主体的位置，自己在一旁引导，扶着同学们突破难点，让同学们学以致用，点拨释疑，理清知识点，理解难点，学会做笔记。

课堂总结也是简明扼要，回应教学的目标。这时候我不禁想起一句话：走着走着，就忘了来时的路。很多时候，我们到外面听课，授课老师上课上到兴致勃勃，哗啦啦地讲了很多，全然沉醉，不能自醒，把学生冷落在一旁都不自知。幸好，今天这节课没有，从头到尾，学生都在老师的心中、眼中。

借助这节优秀的示范课，教研组很认真、细致地从多方面对听说课的课型进行探讨，对七年级学生的学情进行分析，对如何提高基础薄弱的学生群体的英语学习兴趣进行研究，今天的教研收获满满。

（评课记录来自魏静华科长。覃校长在百忙当中，在出差前为我们带来一节高质量的优秀示范课，特此感谢！）

枫叶露痕，荻花风色，以礼待人今重阳

登高望远，心境自远。

"菊花须插满头归"，在这风吹稻浪的风茂之秋，厚德仁爱的重阳佳节如期而至。我跟随伙伴们走进大麦山镇中学八（2）班的道法公开课《社会生活讲道德，以礼待人》，一起聆听孟潮主任娓娓道来：忠信礼义廉耻，着重引导学生如何做到"以礼待人"。

教学内容：第4课　社会生活讲道德

第2课时　以礼待人

教材分析：本课共分三框内容；

第一框 尊重他人　主要观点、知识点是交往的起点；尊重从我做起。

第二框　以礼待人　主要观点是待人礼为先，做文明有礼的人。

第三框　诚实守信　主要观点、知识点是诚信无价，践行诚信。

本节课内容主要是通过对礼的认识、文明有礼的重要性，以及如何做个文明有礼的人，来启发学生平时多思考、多反省自己的行为，树立良好的行为习惯。

教学目标

知识目标：知道礼是什么，文明有礼的重要性和如何做文明有礼的人。

能力目标：懂得文明有礼对个人、对社会、对国家的重要性，明白从语言、仪表、举止方面提高自身素质，并能在实践中做一个文明有礼的人。

情感态度与价值观目标：培养学生的文明有礼意识，鼓励学生检省自己的言行、举止和仪表，提高自己的文明礼仪素养。

教学重点：文明有礼的作用。

教学难点：如何做文明有礼的人。

教学方法：讨论探究法。

教具准备：上网搜索相关的教学案例、图片等材料，制作教案及课件。

教学课时：1学时。

第一环节是导入。自主预习，课前小热身：学习拱手礼，引出本节课主题——以礼待人。播放学习拱手礼，激发学生的学习兴趣，直接引入本课内容：

新课学习 1. 礼的含义和表现

探究一：看书解题——看书 P37 页找出礼的含义和表现？学生看书并解答，阅读相关链接内容，有助于学生对礼的含义和表现形成直观的认识，为学习本课内容打下基础。

新课学习 2. 有礼的重要性

探究二：文明有礼的重要性。名人名语录：不学礼，无以立。——《论语·季氏篇第十六》。学生阅读相关链接内容，分组讨论。通过两个探究活动帮助学生理解文明有礼的重要性。

探究三：小组讨论分享——我们身边有些什么无礼的行为？（家庭、学校、社会）这些行为会造成什么影响？学生思考并回答问题。

课堂练习是本节课的一大亮点。精选的习题聚焦教学的重点和难点，而且，孟主任大胆地让位给班级"小老师"，负责讲解的同学能够模仿老师平时的讲解，把"为什么选这个答案？为什么不选其他？"分析得头头是道，颇有老师风范呢。

新课学习 3. 实践中如何做到文明有礼。

教师归纳：如何做一个文明有礼的人？小组活动：践行礼。思考回答问题。设计意图是：通过如何践行礼，让学生在实践中懂得如何做到文明有礼。

新课学习 4. 拓展——运用所学知识，说出以下古语中体现"礼"的何种意义？通过拓展帮助学生再次明确文明有礼的重要性。

孟主任在课堂拓展部分，旁征博引，从古到今，从国家层面到瑶族地区，从学校到个人，把教材内容与实际生活有机联系起来，深入浅出地引导学生巩固加深本课所学。

课堂小结的环节：总结本课所学知识。认识了礼，知道了礼的表现，懂得了礼对个人、对社会、对国家的重要性，明白了做文明有礼的人就应从语言、举止、仪表方面努力，从小事做起，从细节做起，做一个懂礼、明礼、守礼的人，并与身边的人一起共同创建文明有礼的社会风尚。

菊花香，枫叶红，长空秋雁声声唱，流水华年岁岁淌。孟主任扎根乡村教学多年，走过春华秋实，走近学生，关注全体学生，注重个别辅导，及时了解学生情况。本节课整个教学设计思路清晰，从"是什么"到"为什么"再到"怎么办"，教学过程层次分明。练习题讲解的部分，让学生上台展示解题思路，学生积极参加学习活动；老师及时点拨，培养了学生的思维能力、语言表达能力，发展了他们的核心素养。从自主学习到独立思考，到讲练结合，充分体现了"预讲练评"的课堂模式，而且老师的板书很新颖，用思维导图的形式来呈现。

数位不同学科的同事不约而同地观摩了这节精彩的公开课，大家度过了一个充满教研氛围的重阳节。

心依暖阳，静待花开，华如桃李

当太阳冉冉升起，麦中远处的山上雾气便会逐渐消散。这时，晴空万里，冬日的阳光洒在身上，温暖、舒服，没有夏天的阳光那么刺眼。

因为有了冬日，大地才有了"忽如一夜春风来，千树万树梨花开。"，有了"千里黄云白日曛，北风吹雁雪纷纷。"，有了"秋月扬明晖，冬岭秀孤松。"

在炎炎夏日来到麦中，接触最多的是魏静华老师，我们两个几乎每天都在讨论教学问题。眨眼间两个多月过去了，大家已穿上厚厚的棉衣或者羽绒服。

静华在公开课前一天晚上加班到 12 点，就是为了教学设计能够尽善尽美。

教学内容： Unit 3 English Around the World Topic 1 English is widely spoken throughout the world. Section A

教材分析： 本课是九年级第三单元第一话题的第一课时。主活动是 1a 和 2a。通过谈论去参观迪尼斯乐园来引入 English is widely spoken throughout the world 并初步学习一般现在时态的被动语态。1a 与 1b 以听和读的方式去感知一般现在时态的被动语态，1c 则以书面形式来呈现它，2a 让学生在练习中操练一般现在时的被动语态。

教学目标： 通过自学以及教师讲解点拨掌握本课的重点词汇和短语，能通过学习、观察尝试总结出一般现在时态的被动语态的构成方法并可以用来进行听说读写活动，让学生知道英语的重要性并以此来提高学习英语的动力。

教学重点： 重点词汇、短语和一些句型以及一般现在时的被动语态

教学难点： 能正确地以口头和书面形式把一般现在时态的主动语态变成一般现在时态的被动语态。能正确地运用动词的过去分词，尤其是不规则动词的过去分词。

教学方法：合作交流、讲授、练习

被动语态——这个语法知识是九年级学生比较难掌握的考点之一，由于受中英文化差异影响以及中英语言惯用法的思维局限，被动语态的授课不容易，但是，静华还是迎难而上。

为了激发学生学习兴趣，吸引学生课堂注意力，通过小组活动，评选出最佳小组，给予奖励。

学习被动语态，必定要求学生对动词的过去式、过去分词熟悉，故此，静华从复习入手，组织学生重温部分动词的过去式和过去分词。

接着，用迪士尼的图片引出本课的文本内容，迪士尼的动画是学生熟悉的卡通人物。

由于本节课的课型是听说课，静华的教学设计是从听说入手，带领学生进行听力训练。

1. Watch a video about Disneyland.

2. Read the new word by themselves first and then read together.

3. Listen to 1a and finish 1b and then check the answers.

观看迪士尼的视频，吸引学生兴趣。检查学生单词，预习单词然后再纠正发音，培养学生自主预习和单词拼读能力。引导学生在听力练习前读题，培养学生听力策略。

考虑到学生的基础薄弱以及词汇量少，静华引导学生学习对话内容，扎扎实实地顺应学生的实际情况。

1. Read the 1a and finish 1c and then check with partners.

2. Learn the Language points and take notes.

然后，进行配套训练。独立阅读，培养阅读能力，再两人合作，引导学生互帮互学。合作学习，巩固 1a 重点短语词组的用法。

找出下列短语的意思，连线.

1. stick it on the wall
2. will be able to
3. millions of
4. all over/throughout the world
5. be ready for
6. have a good chance to do
7. can't wait to do
8. be spoken as the main language
9. from now on

为... 做准备
有做某事的好机会
数以百万的
将要能做某事
被当做主要语言
粘贴在墙上
迫不及待要做某事
从今往后
遍及全世界

1c Read 1a again and fill in the blanks.

Wang Junfeng and his parents will go to Disneyland in America next week. Disneyland __is enjoyed__ by millions of people throughout the world. He will have a good chance to practice English because English is important for communication there. English __is spoken__ as the main language in America. It __is__ also widely __used__ around the world.

最后，引导学生观察、总结学习一般现在时被动语态的结构。在情景中进一步感受学习被动语态的结构、用法。通过练习巩固被动语态的用法，通过游戏锻炼学生口头说的能力。

1. Read 1a and find out 3 sentences in passive voice structure and then guide them to summarize the structure of passive voice of present simple.

2. Learn the structure according to the examples.

课堂的结课，静华是通过口头翻译，引导学生总结本课所学知识，这是个好方法。Sum up the main content of this class and repeat the key points.

作业的布置，静华也是很用心地进行分层布置。

课后，林雪琼科长效率很高地利用大课间，趁热打铁地进行评课活动。

本节课容量大，教学环节紧凑，能围绕教学目标、教学重点设计内容，尽量符合学生的梯度。基础达标的学生学习积极性高涨，热情高，大胆举手发

言。学习态度端正的学生能做好笔记。静华老师基本功好，发音纯正，指令清晰，教学语言娓娓动听，宛如冬日暖阳，暖入心扉。教务处的莫丁辉和孟潮主任都到场听课。

心守一抹暖阳，静待一树花开，真切希望九年级的同学不辜负老师们的期望。

有一种教育叫静待花开。

行善无求福自来，为人有德天长佑

孔子曰："见善如不及，见不善如探汤。"

一个人常怀善意，通过不断的努力，必定会让自己的气质越来越好。

听过一句话："一个人三十岁前的颜值取决于父母，三十岁后的长相取决于自我的内心。"

一个人心地善良，必定也是面容慈祥。行善积德，就会心旷神怡，一天比一天更快乐和美好。

积德百年元气厚，读书三代雅人多。为了促进顺德和连南更多方面的交流，顺德书画协会代表、原杏坛梁銶琚中学肖国祥校长，广东省家庭教育讲师团首席讲师廖武先生，带着几位热心的社会人士莅临大麦山镇中学和南岗中心学校进行校服捐赠和公益讲座等活动。同行人员有：顺德杏坛塑料商会陈接胜和陈牛新总经理、佛山市喜报贸易有限公司陈立元总经理、广东佛迪尔饮水机有限公司杨基林先生、火好旺酒业贸易公司罗蔡生先生、顺德区潘祥中学余永贤主任。

大麦山镇中学覃万雄校长、南岗中心学校房志斌校长带领两校师生一同参加了这个有意义的捐赠和公益活动。几位超70岁的热心人士都对两位扎根山区教育十几、二十年的校长赞叹有加，对多年来在山区教育第一线的老师们表示敬佩。

　　都说"心善：心是万善之源。"一个人对世界的认知，是由自我的内心决定的。

　　所谓相由心生，一个人内心怎么样，看世界也就怎么样。心中有善良，所遇皆善良；心中有快乐，所见皆快乐。几位校长和热心人士都有个共同点就是：显年轻。

　　捐赠的校服套装共290套，其中145cm身高22套，150cm身高30套，155cm身高90套，160cm身高101套，170cm身高以上47套。运动短裤460条，XXL码150条，L码160条，M码150条。陈牛新总经理和覃校长出席了捐赠仪式，并和瑶族学生代表合影留念。肖国祥校长将亲自绘画的山水画赠予学校留念，并对全体师生做了热情洋溢的发言。

　　言善：良言暖心，言言善果。

　　言善是一种积极乐观的生活态度，一个人想成就自己的事情，说话必定是言辞温暖，让人如沐春风。

接着，是廖武主编捐赠个人专著给学校，并主讲公益讲座，与同学们互动良好，气氛热烈。

行善：行善积德，福有攸归。

一个人的善良，来源于内心，听见于口中，感受于行动。

捐赠给大麦山镇中学的物品还有：广东佛迪尔饮水机有限公司杨基林先生捐赠的饮水机1台；陈接胜和陈牛新总经理捐赠的14箱鱼罐头，共336罐；陈立元总经理捐赠的18箱饮料，共432盒。

《周易》中说："天行健，君子以自强不息；地势坤，君子以厚德载物。"心善则信誉高，言善则人缘广，行善则天地宽。

在此，再次感谢铭记连南瑶族学校师生的各位热心人士，积德行善，福有攸归。

肖国祥校长赠送的《守望春色》

细雨生寒未有霜，庭前木叶半青黄

自国庆节后几天以来，就开始感受到冬天的魅力，听说霜冻很快就会降临。眨眼间，来到瑶乡足有三个月了，慢慢适应来了这里的一切，气温、饮食还好，连最难适应的教学节奏也缓过来了。

今天，我在大麦山镇中学尝试上了一节九年级的读写研讨课。这个学期所听的都是听说课，我和静华老师在办公室备课和研讨的时候，就想尝试一下难度大很多的阅读和写作课型，看是否能够摸索出适合基础薄弱的学生提高阅读和写作能力的课堂模式。有了想法，我们两个就付诸行动。

现在，一起来看一下教学设计和课堂瞬间吧。

单元训练重点： 学生进一步学习与英语学习方法有关的词汇和表达法，如：preview，review，translate，as long as，stick to (doing) sth. 等，同时培养学生合作学习、互相帮助和乐于分享的精神。

教学内容： Unit 3 English Around the World Topic 3 Could you give us some advice on how to learn English well? Section C

教材分析（简要）： 该部分是九年级上册第三单元的第三个话题，在本单元前两个话题（即谈论英语的广泛使用和各国家、各地区英语的差异）的基础上深入谈论英语学习者的问题和困难，并提出解决方法，在本单元起着重要的提升作用。首先通过李明、王俊峰和李红三人谈论英语学习的困难和问题引入本单元场景，然后过渡到请求康康分享经验和提供建议，最后由老师组织班会讨论并分享大家的英语学习方法，为本话题画上圆满的句号。

学情分析：

1. 九（2）班同学按照分数段来划分，72分以上3人，71.5~50分有5人，49.5~40分有4人，39.5~30分有10人，29.5分以下有7人。

2. 学习态度方面，女同学上课积极性高，笔记写得工整，但是有2人分数较低；男同学中上课态度较好的有 5 人，但是基础很薄弱，有 6 人学习态度不够端正，有待转变。

教学目标：

1. 语言知识。学会朗读和书写以下词汇和句型：preview，review，translate，discussion，exactly，honor，chant，achieve，as long as，stick to (doing sth)。

 It's an honor to talk with all of you here.

I'm sure that you will make great progress as long as you stick to them.

2. 语言技能。能够运用本单元所学表达英语学习问题，交流英语学习方法以及运用表示鼓励的表达法进行日常的交流；能够根据英语学习问题提出相应的建议，并能形成书面文字。

3. 学习策略。培养借助图片帮助阅读理解的习惯，通过反思自己的学习问题和学习方法，培养学生的元认知能力。

4. 情感态度。培养学生乐于交流学习问题、分享经验的精神；通过伙伴对话和讨论的方式为学生提供有用的英语学习方法，减轻学生英语学习负担，增强其学习英语的信心；通过回复他人的英语学习问题，培养学生乐于助人的品质。

5. 文化意识。了解英语学习方法上的差异，了解英语初学者的学习问题和困难。

教学重点：围绕"英语学习问题和对应学习方法"进行话题阅读理解技能的培养和简单的同话题书面表达能力的训练。

教学难点：话题书面表达能力的训练。

教学方法：讲授、合作交流、展示。

本节课的教学设计是以小华寻求英语学习方面的建议为主线贯穿整节课，每个环节都创设情境和搭建脚手架，为学生的学习尽量提供帮助并扫除障碍，体现以学生为主的教学理念。首先是复习 Section A&B，复现康康在对话里面提到的重点词汇和句子。

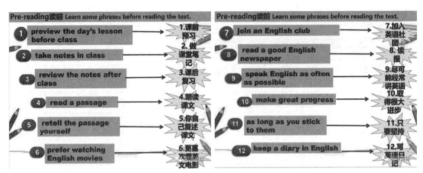

在 Pre-reading 环节里，我设计了两个活动，一是四位学生利用周末在家录制的英文视频；二是强化本课的重点短语，这些重点短语是学生在前一天预习了的。应用了情境教学法，吸引学生注意力，提升学习英语的兴趣。强化词汇学习和复习，为阅读做铺垫。

这几个视频是三位同学利用周末在家录制的，这是他们预习的作业。因为是内宿生，回到学校后既不能使用手机，时间也不够充分，但他们的作品超出我的预期，他们讲得很棒，后期制作也凸显了他们的信息技术能力。孩子的潜力是无限的，老师要做的就是激发他们学习的热情。

围绕小华在英语学习上的问题而寻求帮助和建议的主线，在读前的环节里专门设置了短语重现，这是预习后再一次重点强化高频短语，为他们的阅读增加词汇量。

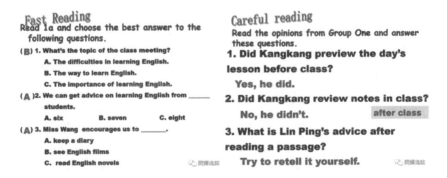

由于备课的时间较为仓促，这里的PPT模板借用了民中胡玉兰老师公开课的模板，感谢她呢！

在读中环节，全班同学一起带着问题来聆听和观看课文视频，结束时回答问题，进行语言的输入和输出训练。

然后进行快速阅读、细节阅读、综合填空等阅读技巧训练，培养学生阅读策略。

在综合填空训练过程中，先让同学们独立思考和填写，然后同伴互助。

多次复现重点词汇和句型，让学生的语言输入得到保证，为书面表达的语言输出做好物质准备。

读后环节里，利用思维导图，复现本课词汇和句型，再次为书面表达的语言输出搭脚手架。

英语作文技巧点拨，培养学生简单的写作技能。

这里要特意提一下，我在公开课前一天参加了连南县教师发展中心组织的教研活动，收获多多，尤其是邓妹想老师分享的中考备考策略，让我赞叹不已，在本节课备课时，我借用了她的 PPT 模板，感谢！

学生尝试书面表达，先独立思考和写作，然后同伴互助。合作学习，生生互动。展示和交流，激发学生学习热情。

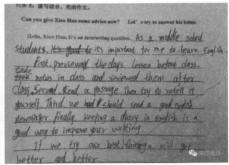

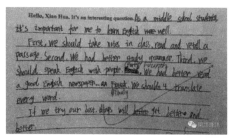 

在评课活动中，教研组伙伴们纷纷发言，分享各自对本节课的看法和体会，让我收获很多。

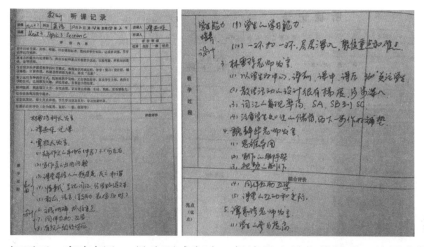

细雨至，寒意顿生，早晚更感寒冷，但清晨未见户外结霜。校园内的花草树木的叶子已由青变黄，距离期末尚有一个月左右，日子缓缓流过，时光清浅处，一步一安然。

（图片提供：覃万雄校长、林雪琼科长、魏静华老师）

心若在，梦就在，十年寒窗，百日征程

　　时光匆匆，冬去春来。春风起了，站在学校最大的樟树下，闻到阵阵芳香。春光如梦，同学们珍惜时间，几许拼搏，几许勇敢。2022年3月14日星期一，利用了一节班会课的时间，大麦山镇中学2022年中考会考百日誓师大会如期举行，大会共有多个议程。在教务处精心筹备和学校各部门通力合作下，大会圆满完成所有议程并取得良好的效果。

　　黄志莲支委作为九年级跟级领导首先发表讲话，她温柔而有力的声音充满着对同学们的关爱和爱惜。她回想自己17年前的同样活动到今天，深情寄语同学们：抛弃慵懒，植下勤奋的种子；怀揣梦想，守候灿烂的花开。

　　品学兼优的李春燕同学作为学生代表发言。她分享了自己的学习方法：1.认真听课，查漏补缺；2.全面发展，不偏科；3.合理安排，充分利用课余时间。她的发言得到了同学们热烈的掌声。

　　随后，九年级教师代表唐顺老师发言。他简练而铿锵的发言给人留下很深的印象，他强调了目前的学习时间太紧了，容不得浪费一分一秒。他代表全体毕业班教师表态：全力为同学们保驾护航，陪伴他们度过备考的每一天、每一节课。

九年级教师集体宣誓，全体毕业班教师表态：务必全力以赴做好复习备考工作。

九年级全体同学为中考宣誓。

八年级同学为会考宣誓。

宣誓完毕后，全体九年级学生、教师在横幅上签名。

七年级同学为八九年级学哥学姐们加油鼓劲，送上祝福。

房海生校长做总结发言。他表达了学校对今年中考的期许，并对本次活动的所有议程进行归纳小结，使得本次活动的中心思想和内涵进一步升华。

一年最美在春天，桃李芬芳齐争艳。春花俏，绽放春的快乐；春天笑，兑现春的承诺。一张张治愈的笑脸，同学们，珍惜春光，多努力吧！

春暖花开，毅行人生

几场潇潇春雨过后，山青了，水绿了，林间小路、池塘水边，春回大地，莺飞草长，油菜花香，正是人们踏青的好时节。学校在新寨，附近是九寨，刚好那里有个油菜花田，学校利用地缘优势，在3月15日下午组织了"春暖花开，毅行人生"为主题的学生徒步活动，体现"吃苦耐劳，积极向上"的理念，活跃身心，丰富校园生活，让学生体验徒步的乐趣，加深师生感情。

从学校有序出发，每个班都有一支班旗，同学们跟着班旗走，大概50分钟到达目的地。

油菜花的花语是加油鼓励和无私奉献，那不正好是为同学们鼓劲的时候嘛，同时也体现了老师们对山区教育的无私奉献精神。油菜花历经冬天的严寒之后，在乍暖还寒之时绽放，向人们展示着春天的到来，给人们带来春天的鼓舞，衍生出加油鼓励的含义。开花时盛放自己，毫不吝啬，为一个灿烂的梦想无私奉献。这让此次踏青徒步特别地有意义了！油菜吐出了鹅黄色，放眼望去，整个土地像披着一块金黄的毯子，阵阵扑鼻的菜花香吸引着人们。

一个个忙碌而欢快的少年，在花丛中穿梭往来，处处充满了朝气和活力，各班在花丛中留下合影。

人在花中笑，花在人旁俏。

左顾右盼皆花容，倩影独立百花丛。

要么旅行，要么读书，身体和灵魂，必须有一个在路上。人生最好的旅行，就是你在一个陌生的地方，发现一种久违的感动。

春天来了，美好的事情都将如期而至，愿世界平安，你我无恙！

杏仁

实践研究与成果

课题研究引领初中
英语教师专业发展的实践与启示

以佛山市顺德区杏坛梁銶琚中学英语科组为例

"科研强师兴校"是广泛得到认同的理念，学校认真开展课题研究，探求科学的教育方法，是教师专业能力提升的重要途径之一。笔者认为英语教师积极参与课题研究是提升理论水平的主要途径，也是教师全面提高个人素质的过程。英语教师主持或参与课题研究，会助推英语学科核心素养的发展。教师若不学着进行课题研究，其理论水平、教学方法就难以得到革新。

一、初中英语教师进行课题研究的困惑与困境

中小学教师的工作只是上课教书，只需要把课上完，把班级管好，这是一种世俗的心态。很多一线教师认为，开展课题研究是一项"遥不可及"的工作，甚至有人认为是"多此一举"的事情。从多数学校的奖励制度来看，多上课就有多收益、多补助、多奖励。进行课题研究是额外的负担，只是对评职称、评优评先有帮助。一直以来，教育科研的价值被严重低估了。

笔者所在的英语科组，具有前沿教育思想或理念的教师凤毛麟角，约30%的英语教师自身的知识结构、理论水平和科研能力三方面都不足，没达到从事教育科学研究的必备条件。接近30%的英语教师仅投身于平常的教育教学活动，他们认为：管得住班，没有出乱子，就完成了班主任的职责；作为科任教师，上好课，有考试成绩，就完成了教师的职责。一些专家的理论在我们很多一线英语老师听来非常理想化，目前还没有完全实现。符合实际的理论产生于实践，一些好的理论和建议需要一线老师们在教学实践中检验、充实，但一线老师都在高强度的状态中备课、赶课、应付繁重的教学任务，能静下心来总结

经验、推敲论文的时间很少。理论与实践的矛盾在课程改革的推进中是不可避免的，如何解决这种矛盾还是一个课题。

二、课题研究对初中英语教师专业发展的重要性

教师的课题研究是在自身教学实践过程中从事研究活动，将研究和教学合一，相得益彰。发展学生英语学科的核心素养是英语教师落实立德树人根本任务的一项举措，是教师专业发展的迫切需要。有思想、有理论的英语教师有助于培养学生的国际视野。

（一）课题研究对初中英语教师专业发展的意义

教育本身需要研究，教育发展需要研究，教师发展需要研究。英语教师学做科研，可以强化教师的专业角色及认同感，提高职业幸福指数。初中的孩子正值豆蔻年华，是祖国的未来与接班人。国家的命运和我们初中教师紧密相连，学生成才，教师成功，学校成名，国家则强。科研强师，科研兴校，提高英语学科教学质量，提升孩子们听说读写综合竞争力。

（二）课题研究基于初中英语教师专业发展的内涵

进行英语学科的课题研究是学校促进英语教师专业成长、提升英语教师整体素质、锻炼英语教师教学能力、提高学校英语教学质量的重要环节，正确领会课题研究的内涵将会加速英语教师专业的发展。课题研究是能够实现"教研训"一体化的途径。

1. 教研和科研的区别与联系

教研和科研的区别在于：研究的范围、要求、过程、周期、成果价值不同。

它们之间的联系：研究的对象和目的是相同的，教研是科研的载体和依托，教研扩大了科研成果的价值。英语教师把英语教研、模块教学、德育、管理等工作课题化，开展"带题教研""带题德育""带题研训""带题行政""带题决策"等活动，体现了"教而不研则浅，研而不教则空"这一理念。

2. 英语学科草根课题与小课题的区别和联系

"草根"，基本含义是"土生土长"，植根于第一线，源自于生活。研究范围属微观，内容具体、切口小、周期短、易于操作。"小课题研究"是与大课

题相对而言的，属于校本研究的范畴，是一种重要而可行的校本研究方式，是从小事、小现象、小问题入手，以小见大，贴近教学，贴近现实，主要是解决教师教育教学中出现的问题、困惑，并总结经验，不以理论研究为主，通常以一年为一个周期，是一种微观的应用性质的研究。课题一定是问题，但问题未必是课题。

3.将课题研究转化为生产力

教师的专业发展其实并不如想象中那么困难。学校建立了重大课题、转向课题和小课题"三位一体"的课题研究体系，在日常的教学生活中，英语教师不应该仅限于完成学校的常规工作安排，应该具有教育科学研究的先进意识。我们常常认为教育思想的建立、教育技术的革新是专家们的事，而教师只要教好课、提高学生的分数即可，这是片面的观点，是将教育科学与科研相分离的错误看法。教师的科研是变革性的教学实践行动，是改善教学品质的过程，是积累智慧、形成研究成果的过程。教师只有将先进的教育科学理念内化为自我意识，才能发挥教育科学的能动性，并且转化为生产力，解决问题、提高效率、提炼理论。

三、课题研究引领初中英语教师专业发展的实践

学校课题氛围日渐浓厚，各学科组都纷纷带着问题去做研究。我校英语科组立足师生的问题，以课题研究为中心，在探索教研、科研、培训三位一体的研究机制过程中，做出不断的努力，取得了一定的成效。

（一）依托自身，提高专业素质

"施教之法，贵在启导"，我们要不断地参阅最新的专业书籍，学会创新，跟上时代潮流，深入研究语言学理论，积极开展课题研究，学习教育研究方法，把理论结合实际，了解一些新颖的教学方法和教学技术，这些对语言教学有着重要的指导意义。2018年顺利结题的两个课题《思维导图在初中英语读写综合课中的应用研究》和《同屏技术辅助下的初中英语模块复习课的教学模式探究》，科组中的六位同事在选题、开题、做题、结题四个过程中获益良多。

（二）依托同事，同伴互助发展

课题研究不能一个人完成，小课题也需要至少 2~5 人组成课题组，大课题要求更多一些，所以，我们倡导教师之间的交流与协作，共同探讨，彼此支持，共享经验。2013 年《网络环境下初中英语写作教学策略研究》和 2015 年《小白板在英语课堂中的应用研究》两个小课题的开展和结题，六位科组同事互帮互助，一起合作进行课题的行动研究，塑造出优秀的科组教学文化。同伴互助的研修氛围将教师的个体经验汇聚成群体资源，弃其所短，取其所长，课题研究在资源互补、共同分享的教学实践中不断推向深入。"水尝无华，相荡乃成涟漪；石本无火，相击而发灵光。"

（三）依托专家，专家引领提升

利用课题培训的契机，学校先后组织课题主持人或成员外出学习、培训，也邀请了专家到校做专题讲座和指导。例如：教师如何做科研？如何选题和立项？如何撰写开题报告？怎么样进行结题等等？ 2019 年 5 月申报的《基于信息化资源的词汇自主学习策略研究》获得了国家重点课题《人工智能加持的英语掌握式学习模式的创新研究》子课题的立项和开题，让科组同仁有机会和专家面对面接触，近距离地感受专家身上的那种敬业、大气、好学的风采。另外，学校还给英语科组提供外出学习的机会，包括观摩全省优秀课例大赛，前往广州、中山、深圳、肇庆等地参加课题专门培训会，这些都让教师们获益良多，茅塞顿开。

四、课题研究引领初中英语教师专业发展的启示

科研就是科研，需要有科学的态度，需要用科学的方法，需要实事求是的精神。结合《英语课程标准》，基础教育阶段英语课程的总目标是培养学生的综合语言运用能力。科研切入点在语言技能、语言知识、情感态度、学习策略和文化意识五个方面，英语教师可以大有作为。

（一）完善制度，助力教科研的发展

没有规矩不成方圆，没有激励机制难以调动积极性。我们发现，当团队人员较少的时候，可以靠管理者的人格魅力管理团队，但当团队超过十几、

二十多人的时候，靠的就是制度管理。学校和科组都在各自的层面做好制度的建设工作，科组是注重教育科研最直接的受益部门，教师是得益者。有规范的制度保障，教师科研就会逐渐蔚然成风。

（二）学习方法，助促教师的专业成长

英语教师学习一些教育科学研究的基本理论、一般步骤和主要方法是非常有用的，在思想引领下提升课堂教学行为品位。我们常用的方法分别有：访谈、问卷调查、行动研究。对于英语老师来说，实验研究法使用得最少，因为害怕"变量中的自变量、因变量"和实验假说。教师做科研，必须学会运用方法，真正掌握方法，促进自身的进步。

（三）组织英语教学活动，助推学科组的整体提升

英语教师选题，往往来源于自身英语教学实践中的困惑、自身经验的升华，来源于自身的阅读，来源于与他人的学术交往。多组织教学活动，用行动告诉英语老师们：做科研不是孤立地做，有同事、有同学、有专家，可以在相互学习中一起对话，一起研究，一起提升。

（本文于 2019 年 4 月发表于《年轻人教育》有删减）

基于人工智能的初中英语词汇自主学习应用研究

一、成果概要

（一）研究背景

为推动人工智能与中小学教学的融合创新，2018 年 12 月，佛山市教育局教研室举行了广东省基础教育信息化融合创新示范培育推广项目——《人工智能加持的英语掌握式教学模式创新研究》培训会以及中央电化教育馆立项的同名课题开题活动，开启了佛山五区义务教育阶段人工智能与教学研究的序幕。英语科组选择《基于信息化资源的词汇自主学习策略研究》作为子项目，目的就是为了促进英语子项目组的成员通过参加市里的《创新研究》项目掌握科学的项目实施方法，增强实践能力，利用信息技术实现教与学的理念重塑、结构重组、流程再造和模式重建，构建以学生发展为本的新型教学关系，实现"课堂革命"。英语新课标中强调英语教学以学生为主体，要让学生学会用英语做事情，而词汇又是英语学习的"地基"，基于信息化资源的词汇自主学习就是一项十分符合新课标的教学活动。在整个过程中，学生的主体性地位得到充分尊重，并且在教师的引导下，提升英语学科的核心素养。

（二）主要内容

在人工智能加持下，应用激励和参与策略激发学生学习英语的热情，培养主动意识。反馈和交互策略分别应用在课前自主预习、课中合作探究、课后个性化辅导三个环节中，使个性化学习与差异化教学成为可能，实现"可诊断、可干预、可决策、可自愈"的效果。问题策略旨在促进反思认知，训练词汇记忆与运用。拓展策略则依托语境，读写结合。训练元认知，积累词汇策略，指导学生实现个性化和自主学习的目标，扩大英语词汇量，提高学生英语能力，提升初中学生的英语学科核心素养。

（三）重要成果

1. 优秀论文

《基于人工智能的初中英语词汇自主学习应用研究》荣获 2019 年佛山市教育学会论文评比一等奖、广东省教育学会一等奖。

2. 优质教学课例

人工智能加持的英语掌握式教学模式在佛山多个品牌学校推广。2019 年 11 月 20 日，顺德区智慧课堂教学观摩研讨会在杏坛梁銶琚中学举行，课题组呈现了三节"基于信息化资源的词汇自主学习策略研究"课例。

初一（1）班谭燕珠老师的七年级 M7 U3 评价与提升课例，充分体现了英语学科核心素养导向的学习活动观以及人工智能加持在英语掌握式教学中的融合创新。在本节课例中，谭老师通过借助智慧教育平台，在技术加持下把课堂还给学生，改变了教学方式，学生不再被动地听和接受，而是主动地参与到活动中去应用语言。课前、课中和课后，学生都应用翼课网辅助词汇学习。课堂上教师使用智慧教育平台翼课网，改变教师的"教"与学生的"学"两方面的方式，应用激励策略、自学策略、合作学习策略，给学生更多的机会应用工具学习，让学生在课堂上有更多的时间把知识和能力贯通，实现高阶思维训练，实行自我评价。

初二（4）班侯丽妍老师八年级的 M8 U2 阅读课型中，充分利用了翼课网和微课进行课前的掌握式自主学习，课堂上通过翼课网和智慧课堂的及时反馈，呈现出科学的大数据，让老师及时了解到每道题的答题情况，并有的放矢地进行讲解，既节约了时间也提高了课堂教学的有效性。同学们通过翼课网的智能纠音功能，不断地改进自己的语音语调。最后在口头作文输出环节，翼课网的智能评分功能使同学们能从中不断改进，反复练习，从而达到理想的效果，实现自主学习与提升。

初三（2）班谢献珍老师九年级的 M12 U1 听说课，利用信息技术进行课堂练习和互动。她充分利用翼课网进行分组教学，一方面小组之间互相竞争，大大提升了同学们的兴致，活跃了课堂气氛；另一方面根据不同学生的基础分

成不同的小组，布置不同的任务，对不同难度进行分层布置，从而真正实现个性化教学。

3. 学生作品

经过超过一学年的人工智能加持，参与实验的同学的词汇能力明显高于非实验班的学生，而且，他们的词汇应用能力稳步提升，自主学习真正发生，学生自主完成英文经典佳作在公众号推送。

二、解决的主要问题、解决问题的过程与方法

（一）解决的主要问题

1. 破解传统教学无法实现"自主学习词汇"目标设定和体验成功的现实困境；

2. 引领教师如何更好地应用智能教学平台指导学生进行词汇的自主学习，应用不同的策略满足学生的需要。

3. 落实词汇自主学习策略构建目标。

（二）解决问题的过程与方法

1. 专家引领，研训促策略构建。项目组全员在佛山市教研员何润青老师的组织和指导下，参与了所有学习和培训，聆听了鲁子问和穆肃教授的专题讲座，学习了其他项目组的先进经验和做法：教师在翼课网学习平台上"指导学生词汇学习"设计词汇目标范围，重视指导学生自己设定可以实现的短期目标，保持学习的持续动力，提高词汇量。此策略英文简称为 SMART，即 S: Specific（具体的），M: Measurable（可量化的），A: Attainable（可及的），

R: Rewarding（有回报感的），T: Time-bounded（有时间限制的）。具体研训的时间为 2018 年 12 月 21-23 日、2019 年 5 月 16-17 日、2019 年 10 月 24-25 日、2020 年 3 月 16 日、24 日、4 月 14 日、28 日（线上学习）。

2. 课例实践，磨课促策略提升。主持人组织项目组成员开展一系列的课例实践，探讨自主学习词汇的策略。2018 年龙湘梅老师进行了八年级上册 M10 U2 的课例研究，朱双花老师进行了七年级上册 M7 U3 的课例研讨，探讨激励参与策略的应用，激发学生热爱学习英语的情感，培养主动意识策略。2019 年侯丽妍老师进行了七年级下册 M5 U2 的课例研究，探讨和落实反馈与交互策略，个性化学习与差异化教学的策略运用。顺德区教育发展中心于杏坛梁銶琚中学举行了《基于信息化资源的词汇自主学习策略研究》的课例研讨活动，分别由谭燕珠、侯丽妍和谢献珍老师在三个年级呈现了三节不同课型的课例，精准地了解学生，实现动态评价和学情跟踪，实施即时反馈和互动。

3. 齐思笃行，反思促策略形成。2019 年项目组继续在之前研究的基础上进行师生反思行动，促进反思认知，训练词汇记忆与运用，鼓励依托语境进行读写结合，不断促进了基于信息化资源的词汇自主学习策略的形成，丰富和完善了佛山市人工智能加持的英语掌握式教学模式创新研究。

三、成果创新点

本项目致力于开展"素养为本"的英语教学，任何策略只有被学习者内化后才能转变为真正的学习能力。人工智能辅助词汇学习不仅可以深化记忆、认知、情感及交流，还能协助教师及学生更好地组织自主学习。基于人工智能下的自主学习，策略的实质是学习者的智慧行动而不是单纯想法，使用策略的目的在于提高学习效率，将英语语言知识、学科能力和学科思维方法展现出来，实现知识和素养的融合，促进英语教学由"知识为本"转向"素养为本"。

基于信息化资源的词汇自主学习策略研究

一、成果概要

《基于信息化资源的词汇自主学习策略研究》子课题成果是在人工智能加持下探索英语掌握式词汇自主学习的教学策略创新研究背景下，突破初中英语词汇教学的薄弱环节，达到低负高质的目标，增强学生学习英语的兴趣和信心，培养自学能力和自觉学习的习惯。借助人工智能（Artificial Intelligence）——计算能力与存储能力，用计算机模拟人的思维智慧与行为技能，帮助英语教师实现有方法而没办法实现的教学设想，为学生提供词汇方面的个性化学习、语音识别测评、对词汇自主学习体系进行反馈和评测等。经过近两年的研究与实践，取得成果：一是认识性成果，在省级刊物公开发表学术论文4篇。《基于人工智能的初中英语词汇自主学习应用研究》于2020年10月发表于《教育学文摘》;《基于信息化资源的词汇自主学习策略研究——以M8 My future life 为例》于2021年4月发表于《启迪》;《基于线上教育环境下的初中英语词汇自主学习策略研究》于2020年11月发表于《教研周刊》;《基于大数据分析的初中英语词汇自主学习策略研究——以翼课网为例》于2020年5月发表于《教育学文摘》;二是实践性成果，形成三个自主学习策略。本课题紧跟时代前沿技术，促进学科教学与技术的融合，为同行开展同类研究提供可借鉴、可复制的策略与经验，具有较好的推广应用价值。

二、解决的主要问题、解决问题的过程与方法

（一）解决的主要问题

问题1：教师怎么样快速掌握学生自主词汇学习的概况？学生个体怎么样开展词汇掌握程度的学情分析？

问题 2：学生如何实现词汇自主学习的场景（听、说、读、写）？

问题 3：教师和学生如何对课前、课中、课后的词汇学习情况进行评价？

（三）解决问题的过程与方法

1. 初始实践阶段（2019.03—05）

在课题初始阶段，运用文献研究法，通过国家政策文件研读、关于人工智能的教育教学培训讲座和相关学术文献研究，课题组成员查阅词汇教学和自主学习的相关资料，围绕人工智能加持下的词汇自主学习策略展开了学习，主要构建了课题的整体框架，明确了核心概念，并确定了课题研究目标和内容。

2. 探索发展（2019.06—2020.05）

（1）师生使用翼课网的资源平台，以此精确、动态反映学习者在英语词汇自主学习过程中的个人偏好、学习能力、兴趣等特征信息，对能反映学习者基本特征与在词义辨析、词性习惯用法、词语搭配等方面的个人数据进行搜集、分析与描述，从而实现学习者的数据画像。新一代人工智能技术可实现基于学情智能绘制知识图谱，数据驱动精准教学，主要体现在基于学情数据智能关联知识薄弱项，准确推送训练或测评内容。

（2）针对学生应用翼课网自主学习词汇进行分析、整合，建立知识点数据集，提升他们在语境中把握词汇使用的能力，增大词汇量（vocabulary size），懂得词汇特征知识（knowledge of word characteristics），形成心理词库（mental lexicon）即重构（restructuring）或重新分析（reanalysis）、理解和产出词汇时采用的各种心理加工程序（fundamental vocabulary processes）。以翼课网平台为例，实现词汇自主学习的教学场景（听、说、读、写）应用和调整。

（3）人工智能加持的英语掌握式自主学习评价需要不断地反馈，对练习结果、学生问题回答即时反馈；给予学生分数、评语、答疑反馈及学习状态反馈的多重反馈；收集课前、课中、课后与测验信息、资源浏览情况、学习时长等数据，在学习全过程中反馈给学习者的全程反馈；可视化图表呈现学习反馈，有效帮助教师与学习者理解反馈信息，改善教与学的可视反馈，充分体现数据驱动和实现个性支持。

3. 深化研究（2020.06—2021.04）

在全校实验班中进行研究结果的论证和总结，分析数据、收集阶段性研究成果，组织课题组成员进行经验总结，及时发现问题，适当改进教学策略，提高教学质量，提炼策略研究范例并撰写教学案例集，并总结上升到理论的高度，撰写论文。

4 提炼推广（2021.05—2021.07）

对实验工作及效果进行评价，整理课题研究资料进行归因分析，做好结题准备工作，撰写课题研究报告，进行研究结论的最终论证，做好课题研究成果的提升和宣传推广工作。

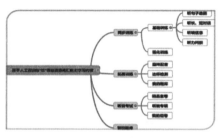
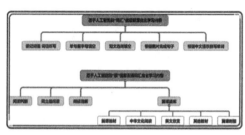
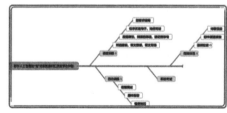
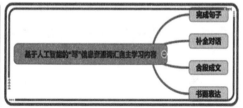

三、成果创新点

创新点 1：借助翼课网的信息资源，实现学生英语词汇自主学习数据画像。

建立学生词汇自主学习的数据画像模型。翼课网主要从用户特征、学习风格与认知水平 3 个方面构建学习者模型。

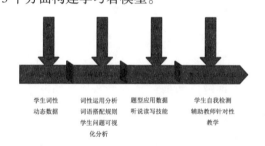

 学生基本信息
学生不断变化的行为
 工具与算法
 直接推送结果 课程相关性分析 学生投入情况
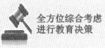 全方位综合考虑 进行教育决策

创新点 2：形成基于人工智能信息资源的词汇自主学习模型。

在人工智能技术支持下的词汇学习，第一项最重要任务是计划与保证学习者重点掌握最需要的词汇和有非常均衡的词汇学习机会；第二项最重要任务是训练学习者对词汇策略的运用。子课题组尝试创设情境，指导学生在语境中自主学习和运用词汇，建立内容模型。

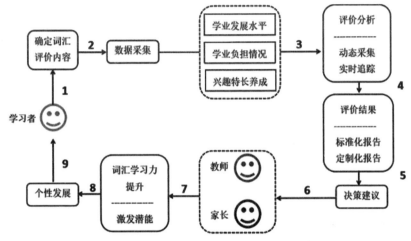

创新点 3：建立基于数据驱动的学生英语词汇自主学习的形成性评价模式。

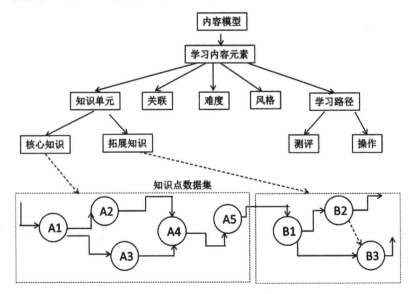

131

通过实验研究，试图探索数据驱动下词汇自主学习的形成性评价模式，突出人工智能加持的特点：多重交互、强化反馈和个性支持。学生英语词汇自主学习的形成性评价模式的目标是：评判学生的学习状态，学情诊断、分析与干预、及时反馈指导。

基于人工智能的以读促写自主发展能力研究

一、成果概要

本项目是基于贯彻党的十九大和全国教育大会精神，落实立德树人根本任务，推动信息技术与教育教学双向融合，实现师师互助、师生共进，让更多的老师得到锻炼，让更多的学生英语读写能力得到提高，进而学科能力得到发展。以培养师生的文化自信，提高师生的信息素养、创新精神、合作意识为大背景而展开的研究。

（一）提炼两个基于人工智能以读促写的教学策略

英语读写综合能力是属于高阶能力，是在听说能力基础上发展起来的，阅读和写作息息相关，没有大量的阅读输入，难以有写作的输出。借助人工智能技术辅助"教—学—评"，通过阅读积累，促进写作能力自主发展，是本项目实施的理念和观点。

阅读策略		写作策略	
读前	引出阅读文本	写前	定主题、列提纲、搭框架
读中	建构学生自主探究的读中活动	写中	引出话题、分点描述、回应主题
读后	续写	写后	构建语篇逻辑、改写

（二）拓展三个基于人工智能以读促写的教学路径

创建有利于激发师生创造力，提升学生以读促写、读写结合的自主发展的能力、简单易操作的翼课网系列教学课程及可实施案例项目，巧用"互联网+"环境，设计活动课、开发特色校本课，培养学生以读促写自主发展的能力。

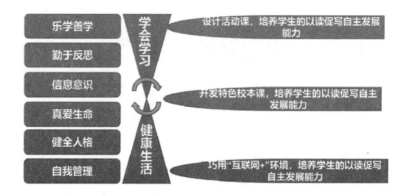

二、解决的主要问题、解决问题的过程与方法

（一）解决的主要问题

问题1：人工智能加持下以读促写自主发展能力研究的教学策略有哪些？

问题2：基于人工智能的掌握式英语学习模式，教师促进学生阅读和写作"双能力"提升的路径有哪些？

问题3：学生读写综合能力得到提升是如何体现的？

（二）解决问题的过程与方法

1.第一阶段（2021.01—2021.07）

项目组通过行动研究，探索阅读课的教学策略：研究读前活动（头脑风暴、看图说话、预测、翼网课同步教学平台）、关注读中活动、跟进读后续写。写作课的教学策略：依托"头脑风暴"、模仿文章的写作，按写前、写中和写后三个步骤，促进学生的书面表达能力。

2.第二阶段（2021.08—2021.12）

通过参与信息化教学应用共同体的培训和学习，设计能提升学生通过阅读促进写作、读写相结合的翼课网系列教学课程，巧用"互联网+"环境，设计活动课、开发特色校本课，培养学生以读促写自主发展的能力，拓展人工智能加持下的以读促写自主发展能力研究的教学路径。

3.第三阶段（2022.01—2022.06）

主持人整理实践资源，汇编各类设计方案、报告、论文等预期实践成果，着力完善能体现学生读写综合能力提升的支撑点，提炼成果，进行成果验收、推广与应用。

三、成果创新点

（一）学生典型课外应用案例

学生在翼课网上经过大量的阅读之后，自选主题，动手撰写英文小故事，并录制好视频，在顺德初中英语公众号上发布。

（二）教师教学论文结集出版和发表

本项目教师结合课例，进行了实践探索，形成可行的运行机制，把操作性强、实效性高的课例、案例辐射到其他学校，推动学校之间、成员之间常态化开展基于人工智能的以读促写自主发展能力研究工作，教育集团下的梁銶琚中学、林文恩中学能进行跨校活动和研究，进一步提高教师参与项目实施的积极性，使他们的信息技术素养得到发展。

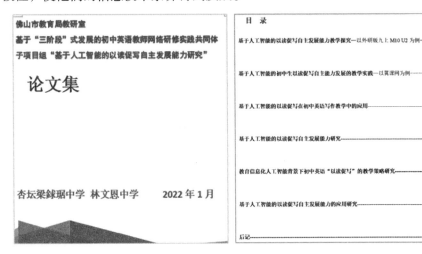

《教育信息化人工智能背景下初中英语"以读促写"的教学策略研究》和《基于人工智能的以读促写在初中英语写作教学中的应用》发表于《教育周报》；《基于人工智能的以读促写自主发展能力教学探究》和《基于人工智能的初中生以读促写自主能力发展的教学实践——以翼课网为例》发表于《广东教学报》；《基于人工智能的以读促写自主发展能力的应用研究》和《基于人工智能的以读促写自主发展能力研究》发表于《启迪》。

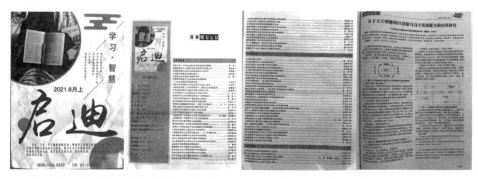

（三）促进学生英语学科核心素养，提升师生的信息素养水平

本项目强调学生能有效管理自己的学习和生活，认识和发现自我价值，培养学生乐学善学、勤于反思、信息意识、自我管理等能力，以及如何在以读促写教学中，借助翼课网的优势，培养学生的自主发展能力。

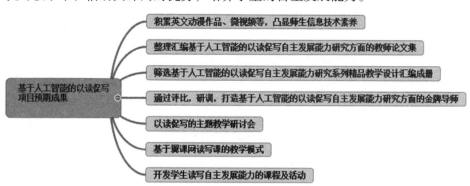

基于学历案的英语思维
可视化教学案例研究与实践

【摘要】随着《教育信息化 2.0 行动计划》的发布，教育信息化迈向智能化。本课题立足新课标，以学历案为载体，通过分析英语思维可视化教学的特征和应用工具，研究英语思维可视化教学策略，研制英语思维可视化教学设计。在技术的支持下，研究与开发基于学历案英语思维可视化教学典型案例。基于认知、建构理论，应用可视化资源，为学习者建构低负高质的可视化课堂活动，推动学校课堂教学改革取得实效。

【关键词】学历案、英语教学、思维品质、可视化、案例

一、研究背景、现状分析

（一）研究背景

自教育部 2022 年 4 月颁布新课标以来，国家明确将"学习力"列为核心素养框架的主要内容，旨在改革不利于学习力发展的制度。崔允漷教授的研究成果"学历案"，作为"课堂变革——促进学生学习力提升"工程的实践研究项目引起广泛关注和认同。在学历案中用可视化的工具进行学习活动的设计，促进思维品质的提升，符合国家课程改革的目的和要义。

学校所在区域佛山市，处于大湾区中心位置，教育教学成果硕果累累。佛山市教育局在几年前已经进行可视化教学的研究，并取得喜人的成果。本课题"基于学历案的英语思维可视化教学案例研究与实践"，能体现新课标精神，以为党育人、为国育才为目标，践行新时代发展理念，落实立德树人根本任务。

杏坛梁銶琚中学是顺德区品牌初中之一，近几年学校着重探索课堂教学

改革，提升学生的思维能力，英语学科组也在积极探索中。目前，课题组在参加了新课标的系列培训和学习后，拟在学历案的实践过程中，围绕人与自我、人与社会、人与自然三大主题，进行思维可视化教学模式的探讨，实践中小学英语思维可视化教学设计。

（二）国内外现状分析

1. 国内研究述评

思维可视化的概念与特点如刘濯源和王后雄所言：提出利用图示或图示组合的方式把原来不可见的思维结构、思考路径及方法呈现出来，旨在实现"零散知识系统化、隐性思维显性化、解题规律模型化"。郑鸿颖认为思维可视化教学策略围绕学生思维品质的发展，指向整合的英语教学目标，具体教学策略分为三个层面：以主题意义为引领，设计大问题序列，确定单元思维路径；依托语篇，设计中问题序列，细化语篇思维目标；深入语篇，设计小问题序列，明晰句间逻辑。郑鸿颖以外语教学与研究出版社《普通高中教科书英语》必修第一、第二、第三册作为封闭语料，围绕人与自我、人与社会、人与自然三大主题，进行思维可视化教学模式的探讨，实践中学英语思维可视化教学设计。

国内学者对思维可视化教学策略的建构和工具提出了各自的观点，都认为思维与语言的关系密切，在语言的学习过程中，思维必然发生，语言的互动提供了思维发生的机会，充分体现了思维的复杂性、动态性和互适性。

2. 国外研究述评

蒂什曼提出"思维可视化"的概念，意指通过任何可观察的形式对个人或群体的思维、问题、推理或反思的过程进行记录。哈佛大学"零点计划"把"思维可视化"的理念运用在教学中，通过一系列模式化的"思维程序"把思维的过程呈现出来，对思维进行关注、命名和运用。安德森认为思维是一个复杂的、高级的认知过程，它包括记忆、理解、应用、分析、评价、创造。"好的思维"具有高阶思维的特点，包括"能够提出有意义的问题""发现证据""提供解释""作出理智决定""推理"等能力。

国外学者提出了图示化教学工具和思维程序的问题序列，使结构化的思维路径清晰明了，把复杂的、动态的、非线性的思维发展过程呈现出来。

3.英语可视化教学现状

在知网上对相关关键词进行搜索，可搜索到"可视化教学"共4003个，"英语可视化教学"共238个，"英语思维可视化教学"共168个。通过对已有文献的研究可知，思维具有情境性和复杂的交互性，英语教学离不开语境和师生或生生互动，教学过程也是不断教会学生思考的过程。实现思维可视化的方式可以有多种，但必须以提升思维品质为目的，以揭示思维过程为内容。本课题组在现有思维可视化研究基础上，结合英语学科特点，以学历案为载体建构初中英语思维品质可视化教学的案例，试图在教学实践中落实新课标精神。

二、概念界定

（一）学历案

指教师在班级教学的背景下，为了便于儿童自主式社会建构经验，围绕某一相对独立学习单位，对学生学习过程进行专业化预设的方案。一份学历案的基本要素包括：①学习主题/课时；②学习目标；③评价任务；④学习过程（学法建议、课前预习、课中学习）；⑤检测与练习；⑥学后反思。

（二）英语思维品质

指在英语学习中，人的思维个性特征，反映学生使用英语语言在理解、分析、比较、推断、批判、评价、创造等方面的层次和水平。思维品质的提升有助于学生学会发现问题、分析问题和解决问题，对事物作出正确的价值判断。

（三）可视化教学

可视化教学是指在建构主义理论指导下，运用技术实现教学内容、过程、成果的直观形象、情境化的教学方法。思维可视化应为抽象逻辑、思想、智慧提供具体化或表象转换，便于学生理解、应用、实践。思维可视化就是运用媒体技术将不可见的抽象方法与路径等思维活动，呈现为形象具体化可见信息，使其可读、可看、可学、可记、可用。思维可视化有利于阅读、理解、记忆、应用、分析、综合，达成有效和高效教学。

本课题所研究的可视化教学是指在课前有学历案的设计，课中有思维可视化的过程，课后有学习者的学习成果展现，即教学内容可视化、教学过程可视化和教学成果可视化。

三、研究意义或创新

（一）研究意义

本课题通过研究可视化资源的应用，对提升学习者思维品质具有以下意义：

1. 通过构建与教学内容融合的可视化资源，拟借助信息技术辅助教学，应用思维可视化工具让学生在语言学习中发展思维，在思维发展中推进语言学习。

2. 通过探索思维可视化教学策略，让学生从多角度观察和认识世界、看待事物，有理有据、有条理地表达观点，让学生逐步发展逻辑思维、辩证思维和创新思维。

3. 通过研究与开发基于学历案的英语思维可视化教学典型案例，把思维可视化的学习活动融合在学历案中的学习活动里面，让其更具有实际的应用意义。

（二）研究创新之处

1. 创新思维可视化教学策略，揭示思维发展的特点，把语言学习放置在动态开放的语境中，通过真实交互的情境，发展语言，促进学生思维的发展。

2. 创新思维可视化教学活动形式、内容和成果。课题组拟将思维可视化的学习过程在学历案中呈现，试图改变静态的、单向的、封闭的英语教学活动，借助思维可视化教学策略，运用媒体技术将不可见的抽象方法与路径等思维活动，呈现为形象具体可见信息，使其可读、可看、可学、可记、可用，有利于阅读、理解、记忆、应用、分析、评价和综合，由低阶思维迈向高阶思维，促使深度学习真正发生。

四、研究目标

（一）通过运用可视化资源进行英语思维可视化教学策略的实践研究，不断探索高效的教学方式、方法，解决学习者思维品质提升的问题，形成英语思维可视化教学策略，推动课堂教学改革，提升学生思维品质，促进学生核心素养的发展。

（二）通过应用可视化教学策略提升思维品质可视化教学效能的研究，将教学策略反复应用在教学实践中，不断总结和优化教学设计，研究与开发基于学历案英语思维可视化教学典型案例，促进教师的专业发展，提质增效。

五、研究内容

（一）英语思维可视化教学策略研究

从七、八、九年级教材中各选出一个典型课例作为可视化教学的案例，运用思维导图、图表、图像、动漫、动画、视频、AI 等技术手段，设计与呈现重点，突破难点，开展课堂教学实践，指向深度学习，探索可视化资源与英语学科思维品质发展有效融合的具体路径，提炼出可操作、可借鉴的初中英语思维可视化教学策略。

（二）基于学历案英语思维可视化教学典型案例的研究与开发

根据教学策略将可视化资源与思维品质发展的教学内容整合，合理设计课堂教学活动，并在课堂中反复验证。对可视化资源应用在思维品质发展的教学活动后，学生能否更直观地感知和理解知识内容，可视化资源能否加强其观察、思考、研究、解决问题的能力，能否提高其分析问题、解决问题的能力以及对相应的课堂教学效果进行观察和反思，不断改善教学策略，优化课堂活动，形成基于学历案英语思维可视化教学典型案例。

六、研究方法与研究路线

（一）研究方法

1. 文献研究法

在准备研究阶段和实施过程中，主要采用文献分析法，通过知网、中国期刊全文数据库、外文数据库检索系统等方式查询、收集和整理与英语思维可视化教学案例相关的文献资料，并进行分析、归纳和综合，为本研究找到理论依据和素材，确定本课题研究的起点和方向，避免重复研究。在实施过程中，借鉴前人的研究经验和成果，学习行而有效的研究思路与方法，为本课题研究打下科学的理论基础。

2.行动研究法

在实施研究阶段，采用行动研究法，初步设计初中英语思维可视化教学策略，让课题组的老师们在课堂教学中运用教学策略设计课堂活动、开展思维可视化的课堂教学。通过在教学中不断实践、反思和研讨，不断总结和提炼，然后再实践，反复验证教学策略的可行性和有效性，从而完善初中英语思维可视化教学策略，这是一个动态的研究。

3.个案研究法

在总结阶段，采用案例研究法，选取具有典型性的思维可视化课例为对象，探索可视化资源与初中英语思维可视化教学有效融合的具体路径，提炼有效的教学策略，分析基于学历案的英语思维品质可视化教学实践的成效，观察、评价课题的效能。

（二）研究路线

1.研究思路

本课题属于"应用型研究"，立足点和出发点是解决如何提升初中生英语学科思维品质的问题，因此将选用"提出问题—文献研究—设计教学策略—课堂实践—效果评价—成果展示"的论证框架，基于英语课程标准和教学实施的要求，探索可视化资源在提升初中生英语思维品质过程中的应用研究。

2.研究路线

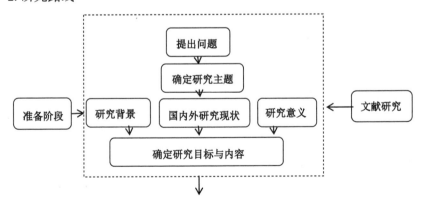

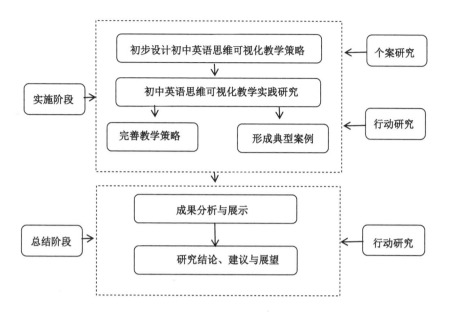

七、研究过程

（一）前期准备阶段（2023.03 至 2023.09）

1.针对本课题的选题开展文献研究，组织理论学习，找到课题的切入点和支撑性理论，讨论课题方案的可行性。

2.结合课题研究内容和学校课堂改革的实际情况，进行课题组全员培训，增强对本课题研究意义的认识，明确研究目标和研究内容。

3.课题组召开讨论会，组建课例实验小组，以学校各年级的实验班来确定责任老师，确定实验班为九年2班（朱后喜）、八年4班（杨惠容）、九年1班（任小英）、八年2班（梁浩如）、七年1班（龙湘梅）、八年1班（谭燕珠）。

4.撰写教学实践阶段的研究方案，明确教学实践工作的分工与步骤，初步设计初中英语思维可视化教学策略如下：

（1）主题引领，情境动画激趣，拓展思维广度。

课前导入环节：通过图片、动画等创设与大单元主题相关的情境，激活学习者已有图式，使课堂内容贴近生活，语音、词汇有机融合，激发学习者学习动机，增加课堂教学趣味性，拓展思维广度，培养思维品质。

（2）依托语篇，设置问题链，梳理思维导图，加强思维深度。

课中教学环节：通过问题链和思维导图，帮助学习者理解语篇细节，培养学习者思维的逻辑性、批判性及创造性，加强思维深度，提升思维品质。

（3）总结提升，微课视频助力思维迁移，升华思维品质。

课后总结环节：通过微课视频巩固教学目标，总结教学重难点的学习过程，帮助学习者实现知识内化并产生新的认知，形成思维迁移，升华思维品质。

（二）研究实施阶段（2023.09 至 2024.06）

1.课题组成员依据分工，学习和研究学历案的结构，选定教学课例的内容，搜集和制作可视化资源，撰写教学设计。

2.课题组成员深入课堂，利用研讨课、公开课、示范课等关键活动，结合新课标，对照研究目标和内容，运用可视化资源进行提升思维品质的教学实践。在反复研课、磨课的过程中，重点研究动画资源、问题链设置、思维导图和微课视频的应用效能，优化教学策略和方式方法。

3.课题组成员定期或不定期交流探讨，对教学方案、教学设计、教学反馈、教学资源、过程实录等进行分析和总结，对可视化资源应用在提升思维品质的教学活动中，学习者知识建构能力是否得到提高、是否能促进学习者思维品质的发展，课题组对相应的课堂教学效果进行考察和评估，不断完善教学策略，优化教学活动，形成基于学历案英语思维可视化教学典型案例。

（三）小结提升阶段（2024.07 至 2025.01）

1.整理阶段性研究成果。对实施阶段所产出的可视化资源、教学设计（学历案）、教学课件等资源进行分类整理，建设课程资源，为下一阶段的研究做好物化基础。

2.反思在教学实践过程中遇到的问题，及时调整，改进实施方案，完成课题阶段性总结。

（四）结题鉴定阶段（2025.02 至 2025.06）

1.实施过程与成果展示，将本课题研究所开发的典型课例在实验班进行推广应用。采用行动研究法，对可视化资源应用在教学实践后的课堂教学效果、学习者认知成本以及思维品质的广度、深度和灵活度等在实验前后进行对比分析，检验实验的效果，不断优化课程。

2. 对思维可视化教学策略进行分析、概括，总结研究过程中的经验与不足，撰写研究论文和典型案例。

3. 撰写课题研究报告，接受上级主管部门的评估鉴定，做好课题结题工作。

八、保障措施

（一）队伍保障

课题主持人谭燕珠和其他主要成员，具备一定的科研能力和实践能力，先后完成1个省级课题、2个市级项目、1个市级课题、3个区级小课题并撰写20多篇论文。课题组成员学习能力强，有信心圆满完成本课题的研究目标和内容，达到预期成果。

姓名	年龄	学历/学位	职称/职务	研究专长	分工情况	工作单位
谭燕珠	49	本科	中学高级教师	教育教学管理与研究	课题研究方案设计、可视化教学策略设计、成果提炼	梁銶琚中学
朱后喜	34	研究生	中学一级教师	教育教学	课例教学实践、论文撰写	梁銶琚中学
杨惠容	47	本科	中学一级教师	英语教学	课例教学实践、论文撰写	梁銶琚中学
任小英	42	本科	中学一级教师	教育教学	课例教学实践、论文撰写	梁銶琚中学
龙湘梅	30	本科	中学二级教师	教学实践论文撰写	课例教学实践、论文撰写	梁銶琚中学
梁浩如	25	研究生	未定级	合作学习	课例教学实践、论文撰写	梁銶琚中学
余小跃	33	研究生	中学二级教师	教学实践论文撰写	可视化资源搜集与制作、论文撰写	逢简小学

（二）理论保障

为确保研究的顺利开展，课题组成员已购买和阅读与课题相关的专著——

《思维可视化教学》《思维可视化图示设计指南》《思维可视化与中学英语教学》《学历案设计与应用》《学历案与深度学习》《教案的革命：基于课程标准的学历案》《义务教育英语课程标准（2022年版）》《英语课程标准解读》《改什么？如何教？怎样考？》等。成员们已收集和查阅与本课题相关的资料，学习前人先进的教育教学理论和实践经验，从中得到启发，制定比较详细的研究计划。同时，聘请专家对课题组进行理论培训，通过教科研活动推动教师的专业发展。

（三）技术保障

梁銶琚中学连续五年获得顺德区公办初中绩效评估A级，课程建设已有扎实的基础，同时学校也是创客教育示范学校、信息技术应用先进学校。学校一直以来非常支持教师开展课题研究工作，鼓励教师们参加课题的培训。学校制定了课题管理办法、课题研讨和激励机制，有专门的课题奖励方案。学校的教科研气氛浓厚，信息技术科组具有高水平的应用能力，能为课题组提供技术支持。

（四）经费保障

学校拟保障研究经费5万元，课题组对研究经费实行专款专用，主要用于科研业务费、课题论证与科研成果的评议、鉴定以及为课题开展研究而发生的相关费用。课题成果呈现的案例、论文发表预算经费2万元；开题论证、中期检查、结题验收等专家劳务费2万元；培训会议、培训活动、会务等预算为1万元。

九、预期成果

主要阶段性成果	序号	阶段成果名称	成果形式	预计字数/数量
	1	英语可视化教学大单元学历案	文本	5000字/个，3个
	2	学生可视化学习作品集	思维导图、视频、情景剧	1000字/个，10个
	3	基于学历案英语思维可视化教学典型案例	教学设计、教学反思、教学资源、课堂实录	2套
	4.	基于学历案英语思维可视化教学论文	文本	6000字/篇，1篇

续表

	序号	最终成果名称	成果形式	预计字数 / 数量
最终研究成果	1	英语可视化教学大单元学历案	文本	5000 字 / 个，6 个
	2	学生可视化学习作品集	思维导图、视频、情景剧	1000 字 / 个，20 个
	3	基于学历案英语思维可视化教学典型案例	教学设计、教学反思、教学资源、课堂实录	4 套
	4.	基于学历案英语思维可视化教学论文	文本	6000 字 / 篇，2 篇
	5	基于学历案的英语思维可视化教学案例研究与实践研究报告	文本	10000 字 / 个，1 个

案例　外研版七年级下册 Module 1 Lost and Found

单元 1 概览

单元名称	Module 1 Unit 1 Whose bag is this?		
学科	英语	学科 / 年级 / 设计者	七年级英语　谭燕珠
教材	外研版七（下）	对应章 / 课时	第 1 模块
一、你敢挑战吗？	模拟失物招领和寻物启事的场景，书写失物招领和寻物启事。		
二、你将学哪些知识？	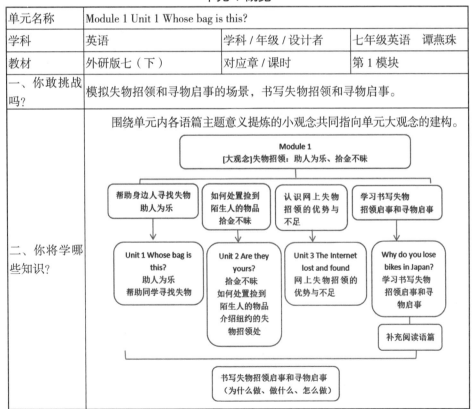		

| 三、期望你学会什么? | 学习理解:通过听对话,找出有关失物招领的内容,完成配对练习;通过阅读文本,理解 Unit 2 语篇主题和如何处置捡到陌生人的物品的细节,通过回顾 Unit 2 和完成拓展阅读,获取与梳理关于"失物招领和寻物启事"的内容信息。

应用实践:根据对话内容,分析启事中所需的语言,应用不同单词的词性,提升学生的句子及语篇意识。基于 Unit 2 的文本梳理,能够总结招领启事和寻物启事的要素。赏析拓展阅读中的内容,内化与运用招领启事和寻物启事的格式。

迁移创新:通过小组活动,进行招领和寻物的问答练习,运用所学的相关语言知识和结构,能够模拟招领和寻物的场景,运用所学知识应用迁移到自己的应用文体的写作中,书写招领启事和寻物启事。

A. 单词和短语

crayon, eraser, glove, wallet, watch, whose, first of all, lose, lost, find, found, lost and found box, mine, yours, tape, purple, hers, careful, be careful with, on, from now on, here is/are, camera, phone, mobile phone, lost and found office, in a hurry, leave, plane, taxi, why, airport, hundred, hundreds of, look for, thousand, strange, boat, duck, pig, sausage

B. 交际用语

1. Is the football Tony's?

2. Are these crayons yours?

3. Whose gloves are these?

4. Welcome back!

5. Please be careful with...from now on.

6. — Are the crayons Betty's?

    — No, they're not hers. They're Lingling's.

7. — Is this your pen?　　— Yes, it's mine.

    — Whose pencil is it?　　— It's...

8. —Whose bag is this?　　—It's mine.

9. —Whose bag is this? Is it yours?　　—No, it's not mine. It's his.

C. 名词性物主代词的用法 |

单数形式	第一人称	mine	我的
	第二人称	yours	你的
	第三人称	his / hers / its	他的/她的/它的
复数形式	第一人称	ours	我们的
	第二人称	yours	你们的
	第三人称	theirs	他们的/她们的/它们的

续表

四、给你支招	1. 学习建议
	学前：收集整理自己对名词性物主代词和形容词物主代词的区别以及关于失物招领和寻物启事的认知程度。
	学中：听说课上，运用划关键词、预测等策略，训练自己听辨整体与细节信息、信息转述的能力，练习朗读，运用所学的名词性物主代词谈论物件的主人。
	阅读课上，通过略读和精读结合熟悉课文内容，并在课堂上初步构建"阐述问题→提出建议→谈论感受"的写作模式。写作和语用课上，通过了解本课的写作模式，在已习得的作文框架中运用所学知识完善作文内容，通过课堂所设置情境的练习，理解熟悉名词性物主代词并将其运用到作文中去。
	学后：认真完成各课时的作业，并培养自己细心看管物品的好习惯，以及助人为乐、拾金不昧的美好情操。
	2. 学习策略
	（1）自学策略。观察并归纳名词性物主代词单复数的差异；比较名词性物主代词和形容词物主代词的区别。
	（2）合作学习策略。通过用英语与同伴谈论丢失的物品或寻找失主，熟悉名词性物主代词的用法。

单元思维路径可视化呈现

单元板块	主题语篇	主题意义	思维路径
Listening and speaking	Help the teachers	感知寻物启事，乐于参与，主动帮助。听懂失物招领的对话，帮助老师寻找失物主人。	What can make a lost and found office? ⇩
Reading	Know the differences	了解失物招领，增广见闻，增进理解。询问并与同伴交流见解，转述各自寻物的经历。	Who can make a lost and found office? ⇩ How can they make a lost and found
Reading and writing	Find the things	模拟认领场景，正确处置，诚信成长。学会正确对待失物，讨论并分享如何应对。	office? ⇩ Why can they make a lost and found office? ⇩
Evaluation and promotion	Return the things	书写两则启事，发挥想象，迁移创造。激发自己的想象力，并书写寻物启事和招领启事。	What can we do to make a lost and found office?

单元 1 分课时学历案 –1

课时 1 名称：Unit 1 Whose bag is this?

1. 课时目标 通过本课学习，学生能够：

（1）获取 Lingling, Daming, Tony 和 Ms Li 在教室中谈到的失物是谁的的对话，包括物件的名称、颜色、所属物主关系，以及询问和回应的信息，完成失物招领的对话；

（2）基于失物招领的对话，讲述失物待领的情况，关注、提取、归纳并内化对话中请求对方寻找失物主人的语言表达方式；

（3）运用相关的语言表达方式，与同伴角色扮演，模拟情境，谈论失物招领，并完成对话。

① Key vocabulary : crayon, eraser, glove, wallet, watch, whose, lose (lost), find (found), lost and found box, mine, yours, tape, purple, hers, careful, on.

② Key phrase : first of all, be careful with, from now on, here is / are.

③ Key structures :

a. — Is this your pen? — Yes, it's mine.

b. — Whose pencil is it? — It's...

2. 评价任务：

任务 1：学生在听录音的同时，辨认细节信息。先读题，关注人称和相应的物品，预测听力内容的重点，匹配物品和失主。（学习理解）

任务 2：口语活动。学生先从对话中找出物品的主人，两人一组根据对话情节进行问答练习，是关于对话内容的理解性活动，巩固新单词和新句型。（小组展示）（应用实践）

任务 3：在语境中应用词汇，学生个体活动，根据对话内容和所给词汇完成填空练习。教师指导学生关注不同单词的词性，提升学生的句子及语篇意识。（应用实践）

任务 4：小组活动。小组中每一个成员拿出一件物品放在课桌上，使用目标句型对桌上的物品进行问答练习，依次进行。（小组展示）（迁移创新）

语篇思维路径分析与可视化呈现

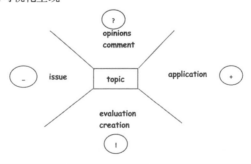

续表

3.学习过程（教学步骤设计）

步骤/时间	思维路径	问题序列	教学活动设计	设计意图
Step 1 Lead-in 2'		Where can people usually find their lost things?	CW 观看图片，回答问题；头脑风暴，分享自己的见解。	创设情境，引出话题，引导学生猜测及初步谈论自己对失物招领的见解。
Step 2 Listening 5'	Issues	1. Is the football Tony's? 2. Are the crayons Betty's? 3. Whose gloves are these?	IW 单词和图片配对，听后回答问题。学生预测物品所属，之后听对话并验证预测。	听取对话录音，获取物品与人物的所属关系。
Step 3 Listening 5'	⇩	Listen to the conversation and tick the items you hear. Match the people with their things.	CW Q&A 学生重点听对话中的关键信息，并在听后勾选词汇，物品和人物连线配对。	第一遍听取全文大意，从整体上获取文本主旨，提高学生获取关键信息、理解文本的能力。
Step 4 Comments 5'	Opinions ⇩ Comments	Can you find out the possessive adjectives and nominal possessive pronouns in the dialogue? What are the differences between them?	PW Q&A 学生听对话，提取关键信息，并划出形容词性物主代词和名词性物主代词等信息；之后与同伴交流记录的信息。	第二遍听取细节信息，找出名词性物主代词，并关注形容词性物主代词与名词性物主代词的异同和评论用法上的异同。
Step 5 Reading 5'		Can you read the dialogue together, try to imitate pronunciation, intonation, and rhythm as much as possible?	CW 学生跟读对话录音，重点模仿部分语句的语音、语调和节奏，感知、体会和明确其表意功能。	学生进行听读训练。
Step 6 Conversations 3'	Application	Can you guess? Are these / Is this...? Whose ... is this / are these? It's / They are ...	CW 借助竞猜游戏，学生先自己描述物品及其所属关系。	学生运用所学进行情境会话。

续表

Step 7 Conversations 5'	Application	— Are the crayons Betty's? — No, they're not hers. They're Lingling's.	PW 学生看图和同伴对话。	同伴运用所学到的名词性物主代词的用法进行会话练习，引导学生学以致用。
Step 8 Conversations 5'	⇩	Can you make up conversations, use things in your schoolbag?	GW 小组讨论。	小组讨论，运用所学迁移到自己的物品上，正确运用名词性物主代词，内化所学。
Step 9 Reading and imitating 4'	Evaluation ⇩	Can you read together again and try to imitate the characters?	CW 学生在听录音并跟读对话，模仿朗读并角色扮演电话对话。	小组合作，分角色进行物品所属的对话，引导学生学以致用。
Step 10 Role play 5'	Creation	Can you act out the conversation to tell others the owners of lost items?	GW 学生回到本课开始时教师创设的失物招领的情境，分角色扮演教师和学生。谈论失物、失主，完成完整的失物招领的对话。	引导学生进行超越语篇、联系实际生活的活动，用所学语言做事情。
Homework 1'		Write down your conversation according to Activity 7. Review the words of Unit 1 and preview the text of Unit 2.		帮助学生进一步巩固。

课堂小结：

本单元的对话是由失物招领的一个场景引出的。学生们在开学返回学校时，惊讶地发现失物招领处的箱子里有很多遗失的物品。在老师的带领下，学生们一一认领回了自己的失物。

本课除了学习围绕"失物招领"词汇、句式、篇章外，还有加强文化意识。在西方，长期以来，充满人文关怀的便民设施"失物招领处"不仅极大地方便了人们的生活，也弘扬了人们拾金不昧的美德。在中国，很多公共场所并没有专门的失物招领处，拾金不昧的人们大多数把捡到的东西交给警察。很多学生对于失物招领的观念比较淡薄。教师可以利用本课予以渗透教育，增进学生对中西方文化差异的理解。

单元1分课时学历案 -2

课时 2 名称：Unit 2 Are they yours?

1.课时目标 通过本课学习，学生能够：

（1）获取纽约失物招领处的基本信息，梳理、概括人们丢失物品的时间和原因，借助可视化图形呈现结构化知识；

（2）基于结构化知识，描述人们在失物招领处的场景，分析、推断位于纽约的失物招领处的奇怪物品出现的深层原因；

（3）分析、评价丢失物品和捡到物品的行为和观点，推断个人保管各自财物和拾金不昧的关键要素（不仅要有良好的生活习惯，还必须具备优秀的品格）；

（4）模拟失物招领处的场景，完成学习书写失物招领启事和寻物启事，并为学校设立失物招领处做准备。

Key vocabulary：camera, phone, mobile phone, lost and found office, in a hurry, leave, plane, taxi, why, airport, hundred, hundreds of, look for, thousand, strange, boat, duck, pig, sausage

2.评价任务：

任务1：学生跟读单词，把方框中的词汇和图片进行匹配，将正确的词汇填入句中。（为下面的阅读文章从词汇上和话题上做准备，并起导入新课的作用。）（学习理解）

任务2：学生默读，并获取细节信息。跟读录音，训练朗读的流利性。回答问题，两人一组，一问一答。（同伴展示）（学习理解）

任务3：学生独立补全短文，注意词形变化，领读单词和短语，全班核对答案。（应用实践）

任务4：学生独自观察所给启事的格式、内容，在教师引导下谈谈失物招领启事和寻物启事的要素，以及两者的不同之处。学生独自起草自己的失物招领和寻物启事，同伴互相检查，检查要素是否齐全，然后，小组展示。（迁移创新）

语篇思维路径分析与可视化呈现

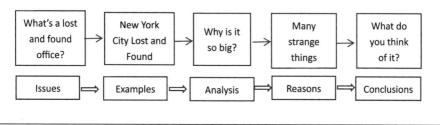

3.学习过程（教学步骤设计）

步骤/时间	思维路径	问题序列	教学活动设计	设计意图
Step 1 Lead-in 5'	Issues ⇩	1.What is a lost and found office? 2.What is the passage about? 3.Is the lost and found office big or small, why?	Watch and present Look and say View and predict IW & PW 小组讨论；全班分享。	通过阅读语篇，获取主旨大意，并梳理失物招领和寻物的细节。
Step 2 Reading for understanding 20'	Examples ⇩ Analysis	1.When do people often lose things? 2.Why are there lost and found offices at airports and stations? 3.What do people do at the lost and found office?	Listen and check Read and match Read and think IW & GW 阅读文章，分组讨论。	概括并整合失物招领的场景，并借助文本结构图形成结构化知识，内化语篇。
Step 3 Application 18'	⇩ Reasons ⇩ Conclusion	1.What strange things are there at the New York City Lost and Found Office? 2.Is there a lost and found office in your city? Talk about it with your partner. 3.What do you think of the lost and found office?	Retell the text Think and say Group discussion Write and share Q&A, GW 分组讨论。	小组合作探究，分析推断充满人文关怀的"失物招领处"的根本原因，并结合语篇对拾金不昧进行评价；培养学生爱惜和保管个人物品的好习惯以及拾金不昧、助人为乐的优良品格，体现育人价值；完成启事撰写，与同伴分享。
Step 4 Homework 2'		Need to do. To write a Lost and Found note. Choose to do. To set a Lost and Found Box at school and tell us where it is and why.	IW 学生独立完成必做题；小组同学通过合作完成选做题。	引导学生形成拾金不昧、助人为乐的优良品格。

课堂小结：

本课时是读写课，着重训练学生获取细节信息的能力，训练学生用完整的句子回答问题的能力。任务4是将学习的内容和生活实际相结合，体现"在做中学"的理念，培养学生学习英语的兴趣。

单元 1 分课时学历案 –3

课时 3 名称：Unit 3 Language in use

1.课时目标 在本课学习结束时，学生能够：

（1）基于写作目的、文体和要求，分析范文结构，列出描述失物和寻物的内容要点；

（2）确定描述和评价失物招领和寻物启事是否完整的角度、具体内容，形成改进方法；

（3）发现范文中作者用于介绍、分析和反思失物招领和寻物启事的生动表达方式和句型，将其应用于自己的写作中；

（4）通过自评和互评，改进初稿的结构、内容和语言。

Key structures：Are these crayons yours? Whose bag is this? It's mine.

2.评价任务：

任务 1：学生通过描述失物和寻物练习名词性物主代词，两人一组进行问答练习。（学习理解）

任务 2：学生分辨和匹配形容词性和名词性物主代词，观察总结规律。（学习理解）

任务 3：学生归纳失物招领和寻物启事的表达方式和句型，应用于写作中。（应用实践）

任务 4：学生阅读后谈谈网上失物招领的优势和不足。（应用实践）

任务 5：学生模仿在失物招领处寻找失物的场景并表演出来。（迁移创新）

两人活动：A 扮演失主，B 扮演失物招领处工作人员

A 从单词框中选取三四件失物，并准备如何描述其特征，B 也从单词框中选取五六件失物作为备选，也准备如何描述其特征。

A 询问自己丢失物品的信息，B 给予回答。

其他同学记录 A 要找的和找到的失物。

语篇思维路径分析与可视化呈现

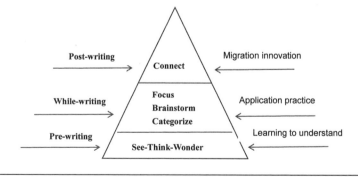

学习过程（教学步骤设计）

步骤/时间	思维路径	问题序列	教学活动设计	设计意图
Step 1 Lead-in 5'	See- Think- Wonder	1.Whose bag is this? Whose gloves are these? 2.Who do you think whose it is or they are? 3.What makes you wonder?	PW & CW 同伴讨论；全班交流。	回顾与失物招领这一主题相关的已学内容，引发学生反思自己的生活习惯。
Step 2 Language in use 20'	Focus ⇓ Brainstorm ⇓ Categorize	1.Whose bag is this? Is it yours? 2.Whose... is this? Is it...? Whose...are these? Are they ...?	IW 学生快速阅读，分析结构，理解题意并作出回答。	通过创设情境，在语境中运用语法知识完成对话，培养解决实际生活问题的能力。
Step 3 Reading and writing 18'	Connect	1.Can you complete the sentences with the correct form of the words from the box? 2.Can you match the words from Box A with the words from Box B? 3.Can you tell if they are true or false? 4.How can you act out a sketch in the lost and found office? 5.How can you act out your sketch to the class?	Q&A, GW 学生小组活动，概括、整理形容词性物主代词与名词性物主代词的用法，进行失物招领的角色扮演，为语言输出做铺垫。	小组合作探究，运用所学的地道语言表达自己的经历和感受。进一步深入理解主题，引导学生联系自身失物和寻物的经历。
Step 4 Homework 2'		Need to do. To write a Lost and Found note about your dog. Choose to do. To act out your lost and found to the class.	IW 学生课后完成写作。	通过书面作业巩固课堂教学效果。

课堂小结

　　本课时是综合提升课，主要任务有两个，一是语法——名词性物主代词的用法，二是两人模拟在失物招领处认领失物的场景并在全班表演出来。教师要注意指导学生运用目标词汇和句型，让学生感受到能成功运用所学的语言做事情的成就感。在表演对话时，教师关注全班学生的参与度，给非表演的学生布置一些任务，如记录表演中所提及的失物名称、失物特点等，使所有学生都能主动参与任务，避免被动地当观众，同时，学生的热情回应也能更好地激发学生的创作激情和学习热情。

单元 1 作业与检测

单元名称	Module 1 Lost and found	课题	Module 1 Lost and found	节次	单元作业
作业时长	15 mins				
作业类型	作业内容		设计依据、设计意图、评价实施建议和题目来源。		

基础性作业（必做）	Ⅰ.选择填空 （　）1. Be quiet.Tom is doing＿＿homework in the classroom. 　　A. yours　　B. him　　C. his　　D. their （　）2. These are their crayons and＿＿are over there. Let's go and get them. 　　A. we　　B. our　　C. ours　　D. us （　）3. My mother likes red. It's one of＿＿favourite colours. 　　A. me　　B. her　　C. hers　　D. his （　）4.—Hi, Tom.Is this your wallet or Kate's? 　　—It's mine, not＿＿. 　　A. hers　　B. her　　C. his　　D. him （　）5.—Can I use＿＿English book?＿＿isn't here. 　　—Sure.Here you are. 　　A. your；I　　　　B. you；My 　　C. yours；Mine　　D. your；Mine	依据： 1. 英语课程标准； 2. "双减"政策背景下的作业设计。 意图：学生通过所给语境，判断形容词性和名词性物主代词的用法，在语境中更好地巩固语法知识。 评价建议： 【学科素养】 语言能力☑ 文化意识☑ 思维品质☐ 学习能力☐ 【能力维度】 识记☑　理解☑ 运用☑　综合☐ 来源：配套资源，有删减。
	Ⅱ.写出下列句子的同义句 1. That is his schoolbag. =That schoolbag is ＿＿＿＿. 2. These are her babies. =These babies are ＿＿＿＿. 3. Is this their car? =Is this car＿＿＿＿ ? 4. This eraser is not mine. =This is not＿＿＿＿ eraser. 5. Are these boxes yours? =Are these ＿＿＿＿ boxes? 6. This is Lily's skirt. =This skirt is ＿＿＿＿.	依据： 1.《英语课程标准》； 2. "双减"政策背景下的作业设计。 意图：学生通过在具体语境中应用本单元的语法知识，提升语法的运用能力。 【学科素养】 语言能力☑ 文化意识☑ 思维品质☑ 学习能力☐ 【能力维度】 识记☑　理解☑ 运用☑　综合☐ 来源：配套资源，有删减。

基础性 作业 （必做）	Ⅲ．语法选择 　　My daughter Han Lily studies at a school in _1_ Japan. When she goes shopping by bike for the first time, she _2_ lock（锁）her bike and loses it. But after two hours, a policeman calls her to claim（认领）_3_ lost bike. 　　In Japan, people don't often lock their bikes because bikes are usually _4_ in Japan. In Japan each bike _5_ its own license plate（牌照）. Policemen can find _6_ owner by it. And they can check if（是否）the bike is _7_ when you are riding it. 　　Japanese people like to "borrow" bikes. When they are _8_ a hurry to catch the train, they often find bikes near the roadside and use _9_ . After they arrive at the train station, they can put them away. Soon the policemen find them, _10_ they can return them to the owners. （　　）1. A.an　　B.a　　C.the　　D./ （　　）2. A.isn't　B.aren't　C.doesn't　D.don't （　　）3. A.she　B.her　C.she's　D.hers （　　）4. A.unsafe　B.safe　C.safely　D.safety （　　）5. A.has　B.have　C.is having　D.will have （　　）6. A.it　B.its　C.it's　D.its' （　　）7. A.you　B.your　C.yours　D.yourself （　　）8. A.for　B.at　C.in　D.on （　　）9. A.their　B.theirs　C.them　D.they （　　）10. A.and　B.or　C.but　D.because	依据: 1."双减"政策背景下的作业设计; 2.课堂基础知识的检测与练习; 3.《英语课程标准》。 意图:学生通过在篇章中理解和应用语法知识,提升语法运用能力。 评价建议: 【学科素养】 语言能力☑ 文化意识☑ 思维品质☑ 学习能力☑ 【能力维度】 识记☑　理解☑ 运用☑　综合☑ 来源:选自《学科网》
	Ⅳ．短文填空 　　I'm unlucky today. I get up late this morning, so I have no time to have _1_ . I have to run to the bus stop to catch the bus in a _2_ . Then in the first class I can't _3_ my English book. I call home and my mum says _4_ is still on my table. The second class is PE. We _5_ football on the playground. I really enjoy the game at first, _6_ then I hurt my leg（伤到腿）! When it is time for lunch, I can't find my _7_ . My friend Peter shares his lunch _8_ me. After lunch, he goes to the lost and found office with me. We _9_ for my wallet in a big box. There are two wallets, but neither（两者都不）is _10_ . What a bad day!	依据: 1."双减"政策背景下英语作业设计; 2.课后进行巩固的练习; 《英语课程标准》。 意图:学生通过阅读语篇,调动已学词汇和语法知识,选择合适的词语补全语篇,提升综合语言运用能力。 评价建议: 【学科素养】 语言能力☑ 文化意识☑ 思维品质☑ 学习能力☑ 【能力维度】 识记☑　理解☑ 运用☑　综合☑ 来源:选自《学科网》。

续表

| 拓展性作业（选做） | I. 根据语境及所给图片提示写出所缺单词

1.　　2.　　3.

4.　　5.

1. Look! Those _____ are walking in line.
2. We don't have much time. Let's go there by _____.
3. There are many _____ on my grandpa's farm.
4. Bob likes eating meat. He buys two kilos of _____.
5. I think it is interesting to take a(n) _____ on the water. | 依据：教学评一致性原则。
意图：学生根据给出的图片提示进行词汇运用，在语境中学会表达具体的信息，加强综合运用语言的能力。
评价建议：
【学科素养】
语言能力☑
文化意识☑
思维品质☑
学习能力☐
【能力维度】
识记☑　理解☑
运用☑　综合☐
来源：配套资源。 |
| | II. Write a Lost or Found note.
　　今天丢失红色钱包一个，有拾到者可打电话6587-4520与Jack联系。
　　在图书馆捡到一部白色手机，失主可打电话5268-2087与Mary联系。
_____
_____
_____
_____
_____
_____
_____
_____
_____
_____
_____
_____
_____
_____
_____
_____ | 依据：教学评一致性原则。
意图：学生通过撰写失物招领启事和寻物启事，将学习的内容和生活实际相结合，体现"在做中学"的理念，培养学生学习英语的兴趣。
评价建议：
【学科素养】
语言能力☑
文化意识☑
思维品质☑
学习能力☑
【能力维度】
识记☑　理解☑
运用☑　综合☑
来源：配套资源 |

评价标准（15分）：

评分项目	评分要素	得分		
		自评	生评	师评
内容分	钱包的描述2分 拾到者后续2分 手机的描述2分 失主的后续2分 （8分）			
语言分	内容涵盖所有的要点，表达准确，意思连贯，符合逻辑0~7分 （7分）			

拓展性 作业 （选做）	基础性作业参考答案 I. 选择填空 CCBAD II. 写出下列句子的同义句 　his　hers　theirs　my　your　Lily's III. 语法选择 DCBBA　BCCCA IV. 短文填空 . 1. breakfast　2. hurry　3. find　4. it　5. play　6. but　7. wallet 8. with　9. look　10. mine 拓展性作业参考答案 I. 根据语境及所给图片提示写出所缺单词 1. ducks　2. taxi　3. pigs　4. sausages　5. boat II. Write a Lost or Found note. 　　　　Lost　　　　　　　　　　　Found 　I lost my wallet today.　　　　Is this your mobile phone? 　I must find it. It's red.　　　　It's white, at the library. 　Please call me at 6587-4520.　Call Mary at 5268-2087. 　　　　Jack

单元1　学后反思

通过以下课堂和课后评价方式，同学反思自己是否建构与内化了结构化知识，是否将知识运用到新的情境中去解决问题。

1. 了解自己对名词性物主代词的用法的掌握情况，以及名词性物主代词与形容词性物主代词的区别。

2. 把握自己能否清楚、有逻辑地阐述和撰写失物招领和寻物启事。

3. 了解自己能否记录同伴所提及的失物名称、失物特点等。

4. 了解自己是否具有拾金不昧的美德。

基于同学完成的《学习效果自我评价表》，了解自己对本单元学习目标的完成情况。

单元学习效果自我评价表					
评价内容	同意程度				
	5	4	3	2	1
能够掌握名词性物主代词的用法，以及名词性物主代词与形容词性物主代词的区别					
能够清楚、有逻辑地阐述和撰写失物招领和寻物启事					
能够记录同伴所提及的失物名称、失物特点等					
能够养成拾金不昧的美德					

【教师留存，仅供研讨用，无需发给学生】

1. 单元设计依据

（1）课标要求

①单元教学内容分析：外研版七年级下册英语 Module 1 主题语境属于"人与自我"下的"自我认识，自我管理，自我提升"。

学生用书中的听力语篇、对话语篇讲述学生们在开学返回学校时，惊讶地发现失物招领处的箱子里有很多遗失的物品。在老师的带领下，学生们一一认领回了自己的失物，轻松地导入了名词性物主代词这一语法项目以及"Whose...is this?""It's mine.""Is this ...yours?"等相关句型。阅读语篇介绍了位于纽约的失物招领处。课文的文字浅显但不失幽默，作者用列举数据和事实的方法为我们展现出失物招领处的拥挤、繁忙景象，引导学生讨论应该如何寻找丢失的物品，如何处置捡到的物品。写作语篇以 The Internet lost and found 为标题，学生谈论网上失物招领的优势和不足。教师为本单元补充了阅读语篇 Why does Han Lily lose her bike? 这些语篇围绕"失物招领"这一主题，按照"导入""听力／阅读""说"和"写"几个部分，组成课堂教学程序，从身边人的失物招领、大城市陌生人的失物招领、线上失物招领和线下失物招领四个方面，将"失物招领"这一主题进行多角度介绍，形成相对完整的认识。见图 1。

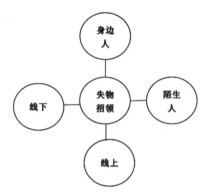

图1 失物招领四个角度

从易丢物品（身边人的）、如何处置捡到的物品（陌生人的）、线上失物招领和线下失物招领四个语篇中，可以分别引出"帮助身边人寻找失物的助人为乐"，"如何处置捡到陌生人的物品的拾金不昧"，"认识网上失物招领的优势与不足"，"学习书写失物招领启事和寻物启事"这四个小观念，它们构成本单元的育人价值，建构和生成"失物招领：助人为乐、拾金不昧"这一大观念。围绕单元内各语篇主题意义提炼的小观念共同指向单元大观念的建构，同时，小观念的意义关联体现大观念的完整性和递进性。见图2。

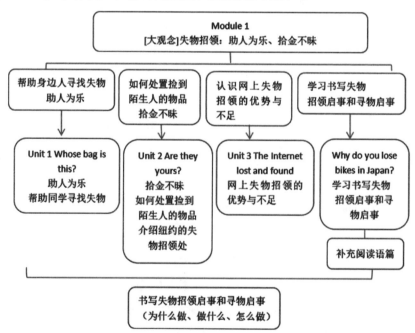

图2 单元大小观念结构图

②课时分配

基于单元大小观念和图 2 展示的教学顺序，首先单元第一课时学习 Unit 1 Whose bag is this? 在老师的带领下，同学们一一领回了自己的失物，形成"助人为乐，帮助同学寻找失物"这一小观念；将 Unit 2 Are they yours? 介绍纽约的失物招领处，如何处置捡到陌生人的物品作为第二课时，建构第二个小观念——"拾金不昧"；将 The Internet lost and found 放在第三课时，引导学生认识网上失物招领的优势与不足，建构第三个小观念——"网上失物招领的优势与不足"；将补充阅读篇章放在第四课时，通过阅读"在日本丢失自行车"的小故事，引导学生建构第四个小观念——"学习书写失物招领启事和寻物启事"，同时将体现单元大观念的单元任务作为第四课时，引导学生完成书写失物招领启事和寻物启事（为什么做、做什么、怎么做），让学生结合自己的生活，用英语做事情的真实任务，对"失物招领：助人为乐、拾金不昧"的认识，形成大观念。

单元小观念	课时分配	主要内容
小观念 1 帮助身边人寻找失物，助人为乐	第一课时	Unit 1 Whose bag is this? 导入、听力、对话，内容均为帮助身边人寻找失物。
小观念 2 如何处置捡到陌生人的物品，拾金不昧	第二课时	Unit 2 Are they yours? 阅读，内容为介绍纽约的失物招领处，如何处置捡到陌生人的物品。
小观念 3 认识网上失物招领的优势与不足	第三课时	Unit 3 The Internet lost and found Around the world 说网上失物招领的优势与不足。
小观念 4 学习书写失物招领启事和寻物启事	第四课时	Why do you lose bikes in Japan? 补充阅读语篇，写失物招领启事和寻物启事。

（2）学情分析

本单元授课对象是顺德区杏坛梁銶琚中学初一（1）班的学生，他们具备基本的阅读能力，能够积极进行语言实践、观点表达和小组合作学习。笔者针对所教班级学生对失物招领以及寻物启事的了解情况，做了相应调查，以发现其思维、认知、语言的障碍点。

①目前，在中国，很多公共场所并没有设立专门的失物招领处，这使得人们遗失了物品却不知道去哪里寻找，而想"拾金不昧"的人们也不知道该把捡到的东西交给谁，从而造成了很多不便。在校园里，很多学生对于失物招领的观念也比较淡薄。

②大多数学生能够爱惜并保管好自己的物品，有良好的生活习惯。他们也具有助人为乐、拾金不昧的美德，需要加以教育和渗透，一直弘扬下去。

③对于如何写失物招领启事和寻物启事比较陌生和模糊，口头表达能力不足，更不会用英语书写。

基于以上发现，教师需要围绕单元大观念即单元主题意义，基于每个语篇的意义探究，使学生逐渐建构对于失物招领这一主题的完整认识；使学生在认同助人为乐的意义、认识拾金不昧可贵之处的过程中产生书写失物招领启事和寻物启事的浓厚兴趣和强烈愿望，同时发展学生的语言能力和思维品质。

2.单元设计创意

Module 1 文本解读

【What】语篇一 Whose bag is this? 在老师的带领下，同学们一一领回了自己的失物，形成"助人为乐，帮助同学寻找失物"这一小观念。语篇二 Are they yours? 介绍纽约的失物招领处，如何处置捡到陌生人的物品——"拾金不昧"。语篇三 The Internet lost and found 引导学生认识网上失物招领的优势与不足。语篇四课外阅读，通过"在日本丢失自行车"的小故事，引导学生"学习书写失物招领启事和寻物启事"。

【Why】通过书写失物招领启事和寻物启事，关注启事书写的格式和要素，注意语言要简洁，发展学生的语言能力和思维品质。

【How】本单元通过两人活动，运用目标词汇和句型，模仿在失物招领处寻找失物或失主的场景，使学生参与任务，感受到成功运用所学的语言做事情的成就感，激发学生的创作激情和学习热情。

单元整体设计

围绕"失物招领：助人为乐、拾金不昧"这一单元大观念，首先布置单元任务：模仿在失物招领处寻找失物或失主的场景，运用目标词汇和句型，书写失物招领启事和寻物启事。

↓

其次，根据单元及课时目标，遵循英语学习活动观的三个层次，设计体现逻辑进阶的问题链和活动链，在开展每个语篇的主题意义探究活动中，逐步生成围绕失物招领这一主题的四个小观念。

↓

最后，利用所学完成单元任务，展现对"失物招领：助人为乐、拾金不昧"这一主题的完整认识，体现学习后形成的认知、态度、价值判断和行为选择。

整个教学以单元大小观念的建构和应用为目的，从学习理解到应用实践再到迁移创新类活动，以及精泛结合的学习，单元语篇不断与主题意义发生逻辑关联，从不同角度丰富或深化学生对主题的理解，逐步形成各个小观念，实现对单元大观念的获得、理解和应用，形成对"失物招领：助人为乐、拾金不昧"这一主题的新认知、态度和价值判断，促成单元大观念的形成，并促进学生认知水平、语言能力、创新思维能力和学习能力的发展。

3. 教学实施建议

单元目标	主要教学活动	设计意图	评价方式
能听懂有关失物招领的简短对话，学会应用名词性物主代词，能用名词性物主代词来谈论、寻找失物主人，认识到助人为乐的意义，表达助人为乐的美好愿望。	第一课时 Unit 1 Whose bag is this? 引导学生在听录音的同时，辨认细节信息。先读题，关注人称和相应的物品，预测听力内容的重点，匹配物品和失主。（学习理解） 引导学生先从对话中找出物品的主人，两人一组根据对话情节进行问答练习，是关于对话内容的理解性活动，巩固新单词和新句型。（小组展示）（应用实践） 引导学生在语境中应用词汇，学生个体活动，根据对话内容和所给词汇完成填空练习。教师指导学生关注不同单词的词性，提升学生的句子及语篇意识。（应用实践） 引导学生小组活动，小组中每一个成员拿出一件物品放在课桌上，使用目标句型对桌上的物品进行问答练习，依次进行。（小组展示）（迁移创新）	获取关于失物招领的谈话信息，使学生认识到名词性物主代词的用法，能用名词性物主代词来谈论、寻找失物主人，认识到助人为乐的意义，表达助人为乐的美好愿望。	通过观察学生的表现，把握其是否能认识并应用名词性物主代词来谈论、寻找失物主人。确保达成第一个单元目标，形成助人为乐的小观念。

续表

单元目标	主要教学活动	设计意图	评价方式
能阅读关于失物招领的文章,能写失物招领启事和寻物启事,表现拾金不昧的美好情操。	第二课时 Unit 2 Are they yours? 引导学生跟读单词,把方框中的词汇和图片进行匹配,将正确的词汇填入句中。(为下面的阅读文章从词汇上和话题上做准备,并起导入新课的作用。)(学习理解) 引导学生默读,并获取细节信息。跟读录音,训练朗读的流利性。回答问题,两人一组一问一答。(同伴展示)(学习理解) 引导学生独立补全短文,注意词形变化,领读单词和短语,全班核对答案。(应用实践) 引导学生独自观察所给启事的格式、内容,在教师引导下谈谈失物招领启事和寻物启事的要素,以及两者的不同之处。学生独自起草自己的失物招领和寻物启事,同伴互相检查,检查要素是否齐全,然后,小组展示。(迁移创新)	了解有关失物招领的文章,能写失物招领启事和寻物启事,发展创新能力。	通过观察学生介绍自己如何处置捡到陌生人的物品的反应,了解其是否认识到拾金不昧的精神可贵之处,确保达成第二个单元目标,形成拾金不昧美好情操的小观念。
能运用名词性物主代词和形容词性物主代词,阐释网上失物招领的优势与不足,模拟在失物招领处寻找失物的场景	第三课时 The Internet lost and found 引导学生复习本模块出现的词汇,练习名词性物主代词。两人一组进行问答练习。(学习理解) 引导学生分辨形容词性和名词性物主代词,观察总结规律。(学习理解) 引导学生匹配形容词性和名词性物主代词,感受二者的不同和相似之处。(应用实践) 引导学生先谈谈有哪些失物招领的方式,阅读后谈谈网上失物招领的优势和不足。(应用实践) 引导学生模仿在失物招领处寻找失物的场景并表演出来。(迁移创新) 两人活动: A扮演失主,B扮演失物招领处工作人员。 A从单词框中选取三四件失物,并准备如何描述其特征,B也从单词框中选取五六件失物作为备选,也准备如何描述其特征。 A询问自己丢失物品的信息,B给予回答。 其他同学记录A要找的和找到的失物。	引导学生阐释网上失物招领的优势与不足,能够多角度、批判性地看待问题,发展创新思维能力。	通过观察学生的场景模拟,了解学生是否能够认识到网上招领的两面性并批判性地看待问题,确保达成第三个单元目标,形成网上招领的优势与不足的小观念。

单元目标	主要教学活动	设计意图	评价方式
完成模拟失物招领和寻物启事的场景，书写失物招领和寻物启事，践行助人为乐、拾金不昧的精神。	第四课时 Why do you lose bikes in Japan? 补充阅读语篇 教师组织梳理本单元的大观念并再次呈现单元任务：失物招领和寻物启事（包括内容、形式、格式、方法等）。 师生共同制定围绕内容、形式和语言的评价量表，学生制作失物招领和寻物启事并根据评价标准展开组内分享及互评。	引导学生整合本单元所学，形成对失物招领和寻物启事的完整认识，发展学生创新思维能力，增强助人为乐、拾金不昧的美好情操。	基于师生共建的评价量表，观察学生的场景模拟及两份启事的书写，把握学生是否形成本单元大观念，获得内隐的认知工具，并学会应对新情境。

167

杏色

教育叙事与随笔

立人教育的课堂教学改革理论与实践

——漫谈梁銶琚中学"立人教育"的课堂教学改革

2016 年 9 月，校务管理委员会开启了"立人教育"的篇章，三年来，全校师生以百倍的信心积极探索"立人教育"的办学特色，包括六个方面的建设：理念、文化、制度、课程、师资和课堂。经过思索、实践、修正、提升，学校在课堂教学改革的大河里，摸着石头，缓慢前行。在此，笔者对课堂教学改革的理论与实践做如下总结。

一、"六学五环教学模式"的背景

2011 年底，国家对新课标进行了修订，教育与社会的政治、经济、文化一样面临着改革。广东省在 2017 年全面实施高考改革，多元化的选拔机制代替"一考定终身"的选拔机制，学习真正成为学生未来幸福发展奠基的场所。从区域发展的角度来看，梁銶琚中学位于杏坛水乡，毗邻顺德西部高新区，教育必须适应产城互动、高端发展的战略决策。从学校发展的角度来看，梁銶琚中学是顺德最早的侨捐学校之一，几十年来沉淀了一定的文化底蕴，绩效优良。

学校一直进行教学改革实践，也取得一些成效。语文科的学情分析方法、英语科的小白板应用研究、政史科的学案导学、物理科的自制教具实验探究，成效显著，中考成绩均位居顺德区前列。然而，由于教务处对教学改革认识不足，没有及时把学校做得好的改革经验加以提炼，错失持续发展提升的良机。

纵观国内教改形势，学校组织了大批教师前往教改实验成功的名校学习、参观、取经。大家意识到：课堂教学改革是发展教师生产力的一场革命，是一场能够让学生享受自我、实现自我的革命。我校根据学校的传统文化，多番考量和论证，继承和发扬梁銶琚博士"古人风"和"天下雨"的精神，总结提炼了"立人教育"特色的办学理念：以人为本、规范办学、德育为先、内涵发展。学校瞄准教育发展的前沿阵地，吹响了课堂教学改革的号角，"六学五环教学模式"和"小组合作学习方式"慢慢浮出水面，让人眼前一亮。

二、"六学五环教学模式"的基本内涵

德育为先的办学理念深入人心，学校一直倡导以人为本，所以，学校办学必须走内涵发展之路，给师生提供一个共同成长的场所。"六学五环"模式既包含在课堂内，也延伸到课堂外。

"六学"是指"六个学会"。学生在教师的教育和指导下，学会学习，学会独立自主，学会团队合作，学会承担责任，学会帮助他人，学会理解和包容。初中阶段是孩子世界观、人生观、价值观形成的重要阶段，也是行为习惯养成的关键时期，"六个学会"也正好呼应了"立人"教育的精神，是"立人"教育的内涵所在，形成了梁銶琚中学独特的办学特色。

"五环"是指：把课堂45分钟分成"温故、知新、交流、合作、展示"五个环节。这五个环节明显突出了"以学生为主体，教师为主导"的教学原则。

"温故"作为第一个环节，它开启学生思维的闸门，孔子曰：温故知新，它为第二环节做铺垫。"温故"俗称"复习"，即教师组织学生复习上一节课的内容。它的形式可以多样，例如：教师问，学生答；教师高度概括和表述；学生做归纳，并向全班汇报；小组一起归纳，然后总结发言；训练或者小测，即对旧知识的检测。整个环节具有承前启后、温故知新的作用，它的评价标准是有效度，即检测学生的旧知识的有效性。

"知新"是"五环课堂"中的核心环节，是呈现新知识、保证新收获的环节，是教学活动的主体，它要求教师用有效的教学设计呈现新的知识，并用灵活的教学方法或者教学技术辅助教学。其评价标准是教师讲解的基本功和学生的专注度，即教师的教学目标的界定、重难点的评析和学生听课注意力的集中，学生是否善于倾听教师的讲解和同学的回答。

"交流"是承接"新知"后的第三个课堂环节，让学生自主交流，"小组讨论"让学生在课堂上围绕所学的新知识"飞扬自我"，突出学生在课堂上的主

体地位。它要求教师根据授课内容、重点、难点、考点来设计科学、合理的问题，放手发动学生讨论，进行小组交流。课堂内学生研讨，是小组内对学、群学，培养学生主动参与的意识，满足学生自我实现的心理需要。本环节的评价标准是教师抛出问题的技术含量和学生的参与度，即思维活跃、表达有自信，敢于发表不同见解，学会聆听，人人积极参与讨论。

"合作"是第四个环节，让所有学生都参与到课堂中，它是"五环课堂"中最有意义的一环，同时也是为下一环的"展示"打好基础。它的理想目标是让学生学会包容他人和互相帮助，优等生带着中等生走，中等生扶着低层次学生走。这一环节是要发挥学生之间"传、帮、带"的作用。同伴互助或者是向同伴学习，在这个环节中会得到高度的体现。

"展示"是整节课高潮的一个环节。它是学生在交流与合作之后的作品，通过多种形式呈现。学生把整节课的学习成果通过复述、背诵、展示、画图、表演等形式在全班同学面前展示出来，它是整个课堂最有活力的一段，也是整个课堂总结的环节，也正好可以实现"让每一位同学都走向讲台"的育人理想。

三、"六学五环教学模式"和"小组合作学习方式"的理论依据

"六学五环教学模式"和"小组合作学习方式"的核心是创建高效课堂。高效与质量是教学的内在要求。它集中体现了以下教育、教学理论。

（一）突出学生的主体地位，符合教学原则

学校教育是以"课堂教学"为核心活动展开的。教师的教是主导，学生的学是主体，这是基本规律。"六学五环教学模式"充分体现教师的主导地位。"温故"，教师根据新旧知识的内在联系，有意提出问题，让学生回答，或者精心拟定训练的内容，检测学生的成效。"知新"，带领学生进入新知识的探寻领地。"交流"，教师设计科学、合理的问题，放手发动学生讨论，进行小组交流。这些都是教师主导地位的充分体现。

"六五型"教学模式最显著的特征是让学生学的主体地位得到最大化的凸显。"五环"中的每一段都能体现学生的主体地位。"温故"，使学生通过旧知识的"回答""训练或检测"而温故知新。"知新"，学生跟着教师，带着任务

去探寻新的知识领地。"交流"，学生围绕问题或任务自主交流，让学生针对问题进行讨论、主动参与、自我实现。"合作"是通过同他人的合作，同多样的思想碰撞，让学生不仅自己懂，而且能教会同伴，同伴互助或者是向同伴学习。"展示"，学生把学习的成果（解法、思路、复述本节课所学内容等）向组内或全班同学展示和汇报，学生把整节课的学习成果通过复述、背诵、展示、画图、表演等形式在全班同学面前展示出来，这些无不体现了学生在课堂中的主体地位。建构主义主张"学习"至少是知觉水准的重建或是认知结构的修正与重建。以柯勒（W.Kohler）为代表的"洞察说"认为，问题解决唯有借助所处情境的结构性洞察，亦即进行情境的知觉重建才有可能。综合来说：学习是行为的变化，学习是意义的建构，学习是领悟的生成，学习是一种经验的能动再建。"六学五环教学模式"和"小组合作学习方式"让一切学生各取所需，各尽其能地快乐学习和健康成长。

（二）体现课标精神，响应了课改号召

从 2001 年开始的新课程改革，证明了"教师讲解、学生听讲"的教学模式已经与这个时代的要求格格不入。以对话中心的教学模式正在替换灌输中心的教学模式。2011 年 12 月 28 日教育部正式向全国颁发了修订后的新课程标准。

1. 学生的学习方式发生改变

新课标提出学生的学习方式应该是学生自主学习、探究学习。教师的授课行为应该是：启发、交流、分享越来越多地成为教师教学的一种状态。"六五型"模式充分体现了学生学习方式的改变。"五环课堂"中的"温故""知新"环节实质就是学生的"自主学习""探究学习""交流""合作"和"展示"无疑就是"探究学习""合作学习"。

2. 课堂组织方式发生改变

新课程标准强调从聚焦"教师的教"的课堂，转型为聚焦"学生的学"的课堂。这是每一位教师面临的挑战。学校的小组合作交流把学生分成若干小组，巧妙地由不同能力、水平、性格、性别、家庭背景的学生组成，采取"组间同质，组内异质"的组合原则，在课堂内外开展互动和互助的学习。在每一环的学习中，教师营造小组合作学习以及小组间的竞争，调动了学生的积极性，活跃了课堂气氛。一是在课堂教学中不是让学生懂得与记住什么，而是让学生去理解、思考与判断；二是学习的课题和内容，不是由学生单独地完成，而是借助团队完成。

（三）研学理论知识，提升了教学技术

佐藤学的影响力和他所倡导的"学习共同体"代表着新时代学校改革的方向。美国教育学家西尔伯曼（C.E.Silberman）在《课堂的危机》中提出课堂转型的两个要素。一是课堂气氛是否转变；二是学习方式是否转变。为了促使我们改造研究方法，实现教学研究方法的转型，教师必须更新陈旧的教学观念，提高教学技术。教学中的"交流""合作""展示"三个环节都需要"生生互动"或"师生互动"，这对教师的要求更高了。单纯依靠教师提问进行的被动活动，只能是学生表面性的活动，无法让学生形成深度理解和深度学习。这些无不要求广大教师更新观念、提升教育技术水平。从课堂话语的分析、教师自身的变革、单元设计教学，练习的系统设计到对课堂的评价要素、学习环境的设计、教学技术手段的取舍，以及有效教学的研究，都提出更高的要求。一个优秀的教师应该具备三个板块的知识结构：精深的专业知识，开阔的人文视野和深厚的教育理论功底。

四、"六学五环教学模式"和"小组合作学习方式"的意义

实施"六学五环教学模式"和"小组合作学习方式"课堂教学改革是学校教育教学改革的重大举措，是梁銶琚中学"立人教育"体系的要素之一，将对学校的教育教学工作产生深远影响。

（一）改变了学习方式，增强学生的合作意识

"六学五环教学模式"，让学生自主学习、交流合作、合作探究，激发了学生的求知欲，营造了互帮互助、人人参与的课堂氛围，教师围绕教材内容设计多种活动让学生成为课堂的主人。他们积极地思考、自信地表达，认真地聆听。教师通过培养学生自主学习、主动参与的意识，让个体自然而然地凝聚成一种合力与整体趋向，构建彼此尊重、互相关怀、有合作精神的课堂。

（二）激发了学习动力，提高了学习效率

根据学习科学的研究，师生思维活跃，课堂上充满情趣，人际关系亲密无间，学生对课堂的认同感和归属感会使学习效率大大提高。学生的学习效率受两方面的环境所影响：一是物理环境，即准备学习参考书、课桌椅周边容易学习的环境；二是社会环境，指来自伙伴的支援、能够互帮互学的氛围，学习效果理所当然地好起来。

（三）培养了良好品质，推进了评价方式

"合作学习"需要的是每一个人的多样学习的相互碰撞，是每一个学生的平等参与。小组成员在共同学习活动中互相帮助、互相监督、互相促进，荣辱与共，休戚相关，在这些过程中，难免会产生分歧、摩擦甚至敌对情绪，这些对每个人来说都是好事，可以让孩子们从中学会包容、忍让、退步或坚持。在小组合作中，每个人的智商（IQ）、情商（EQ）、逆商、律商都会得到锻炼。一是对平时的学习过程的评价，包括：课堂表现、作业、测验三个数据；二是将期末考试作为总结性评价的参考依据；三是评价内容的多维度：出勤、守纪、保洁、文明、住宿、社会实践、劳动实践、竞赛活动获奖等方面。

总之，出色的课堂，如春风细雨润泽孩子们的内心世界，让孩子们的学习成为愉快的人生旅途，课堂成为了孩子愉快人生旅途中的一景，孩子们和老师们沿途听着花开的声音，课堂处处生意盎然。漫步沐芳园，犹看古人风，静听天下雨，喜闻百花香。

肖国祥校长赠送的《碧山渔归》

（本文于 2020 年 7 月发表于《语文课内外》 有删减）

初中英语以学为中心的教学模式研究

——以梁銶琚中学"立人教育"的英语课堂改革实践为例

面对教育改革和新课程标准的实施，教师在新形势下的角色转换显得尤为重要，倡导基于"核心素养"的课程建设与课堂教学也是新时代的诉求。笔者所在学校的"立人教育"办学特色的"立德、立言、立身、立行、立功"正是继承和发扬了笔者所在学校的捐建者梁銶琚博士"古人风"和"天下雨"的精神，它强调的是人品和能力的养成，体现了核心素养的意义。

21世纪的英语课堂重在学会学习，初中生是21世纪的建设者，他们身处知识和信息快速传播的时代，也处在一个全球经济一体化和国际化的高科技时代，学习能力的高低将决定他们生活的品质和在工作中的竞争力。教师作为学生的引路人，构建以学为中心的教学模式是践行"立德树人"这一理念，着力发展学生核心素养理应在课堂设计、组织教学过程中，突出学生的主体地位。

一、以学为中心的课堂教学模式的理论依据

每一种教学模式探索的背后都需要理论的支撑，倘若缺乏科学、正确的理论指引，必将戛然而止。

（一）教学理论可以分为两大类，一是教师主导的学习者习得知识、技能的行为主义，二是学习者自主地解决问题、获取知识的建构主义。建构主义的理论基础，强调学习者的主观能动性，认为学习是学习者在原有的知识经验的基础上生成意义、建构理解、形成主观意识的过程。在初中英语学科的教学中，建构主义的应用有别于传统的学习理论和教学思想，对教师的教学设计具有重要的指导价值。

（二）人本主义教育观：强调人的因素和"以学生为中心"，学校教学的主要目标是促使学生在教师的指导下激发自我获取更高层次的学习动机，充分发

挥自我潜能，培养积极向上的自我意识、学习态度和价值观，使之成为一个"whole person"。

（三）主体教育理论：教育的中心是学生，学校为学生而设，教师为学生而教。学校优良的校风、教风和学风是学生乐学的"磁场"保证，学生的内驱力是关键。学生在课堂的主体地位不容改变，教师在课堂起主导作用，突出学生的主体位置有助于启发学生的创造性，开发学生的潜能和促进学生的自我实现。

二、以学为中心的课堂教学环节

众所周知，教育教学的主渠道在课堂。英语的学习规律是先有大量的输入（Input），才会有输出（Output）。听和读是输入的部分，说和写是输出的部分。然而，传统教学环节中，往往强调"听和读"，忽视了"说和写"。英语课堂上，教师"一言堂"或主讲大半节课，注重"灌"，学生只是被动地作出反应，学生长期缺乏参与学习的主动机会，这就是为什么老师讲了许多遍而学生仍没有掌握的原因所在。

佐藤学认为：在教室里正是要构筑这样一种关系，即学生在相互交往中共同成长的关系，而展开这种能触发与支持这一关系的教学的人就是教师。笔者所在学校"立人教育"的英语课堂采用"五环"的模式，环环相扣。"五环"是把课堂45分钟分成"温故、新知、交流、合作、展示"共五个环节。"温故"作为第一个环节，它开启学生思维的闸门，孔子曰：温故知新，它为第二环节做铺垫。"新知"是"五环课堂"中的核心环节，是呈现新知识，保证新收获的环节。"交流"是承接"新知"后的第三个课堂环节，让学生自主交流，"小组讨论"让学生在课堂上围绕所学的新知识"飞扬自我"，突出学生在课堂上的主体地位。第四个环节是"合作"，让所有学生都参与到课堂中，它是"五环课堂"中最有意义的一环，同时也是为下一环的"展示"打好基础。"展示"是课堂高潮的一段，也是课堂总结和检查的环节，要求学生动口、动手、动脑来展示本堂课的学习成果。教师从站姿、语言和发言顺序三个方面去培养学生，也正好可以实现"让每一位同学都走向讲台"的育人理想。

初中英语课堂的"五环"既注重知识与技能训练，又重视学科素养的培养。"五环"输入输出的渐进方式，科学合理地做到呈现新知识 Presentation，进而进行持续的操练 Practice，最后顺其自然地产出 Production，这几个课堂环节符合英语教学的规律。

三、以学为中心的课堂活动组织形式

课堂是师生共同成长的场所，教师要以学为出发点和归宿，强调从学生的学习兴趣、基础、个性以及生活经验出发，在课堂中创设有效的活动环节，让学生能体验、实践、参与、交流与合作。笔者认为：教师不是教给学生什么，而是需要懂得如何去组织学生活动，在活动中发展"听说读写评"多方面的能力。可见，课堂的组织形式何其重要。

（一）在"温故"和"知新"两个环节中，英语教学的活动形式可以有听读（听地道的录音原文，模仿发音；听教师读，纠正发音；听其他学生读，练习听力），跟读（跟着录音原文读、跟着教师读、跟着其他学生读），朗读（个人大声朗读、集体齐声朗读、角色原声朗读），背诵（个人单独背、同伴互相帮忙背诵、小组尝试背诵、集体一起背诵、分角色进行背诵），扩展句子（先是教师示范，然后学生跟着模仿），看图说话和模仿对话，相互问答（师生、学生、小组之间）等，形式多样。

（二）在"交流、合作、展示"环节中，试图把以课本为中心的活动转向以学生为中心，促使学生运用英语进行交流，解决问题。学生在这几个环节中可以充分发挥他们的主观能动性，投身其中，参与其中，表达自己的观点。这些活动形式多样，如小组专题谈话（话题围绕每个模块的主题）、全班讨论、分组讨论、角色扮演、改写、缩写、续写课文、复述（全文、大概）等。通过组织这些教学活动，让学生体验到挫折感与成就感，同时也让他们建立起亲密的合作关系。教师可以做的事：退到后台、做服务员、最后出场进行总结、评价和巩固。

（三）好的课堂组织会加大知识容量，拓宽学生的思维活动空间，充分调动学生的视觉、听觉等感官，促进他们潜能的发展。学生在课堂上整理、分析收集到的信息，有助于提高思维活跃度。在整合与分析信息后，就得展开传递给他者或直接自己思考的学习活动。科学、合理地组织教学"英语化"、设计活动"情景化"、组织活动形式"多样化"，英语教师可以结合学科特点实现最优化教学。

四、以学为中心的评价方式

《义务教育英语课程标准（2011版）》强调教学与评价是完整课程体系的重要组成部分，要求教师重视促进学生发展的形成性评价，采用多元化的评价方式。有什么样的标准就有什么样的质量，教育质量评价是诊断和改进，是服务和发展。开展"立人教育"正是"以人为本"的发展性评价改革实践。英语教学的评估目标：立足学科，面向未来的学生能力发展，主要从课堂教学、学生行为、作业、学生记录这四个方面，着眼于学生核心素养的培养。

（一）评价载体：聚焦课堂内外，关注学生的课程学习活动

1. 评价学生的课程学习表现，即把育人目标融入课程建设，教育评价与课程建设紧密结合，促进学生发展。"立人教育"把对学生学习英语的个体评价设计成"三力评价"——活力、学力和潜力，评估学生英语学科素养的发展。

2. 评价学生的日常课堂活动表现。评价内容的多维度：出勤率、参与度、贡献度、合作度以及谋划力、展示力等方面。

（二）评价方式多元化和选择性

1. 实行"过程与结果"相结合的评价方式，即过程性评价与总结性评价相结合。一是对平时的学习过程的评价，包括：课堂表现、作业、测验三个数据；二是将听说考试和期末检测作为总结性评价的参考依据。

2. 采取适合的评价方式。充分利用学业检测、素质测试、过程观察等手段来评价学生的学业成就。试图构建动态性评价、过程性评价和展示性评价的学生评价体系。英语学科素养不仅是英语的基础知识与技能，还包括学生利用知识技能分析和解决生活中的问题的能力，这在学生基础素养中是非常重要的。

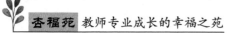

"横看成岭侧成峰，远近高低各不同。"如果经常换个角度思考你的课堂，换个方式经营你的课堂，那么总会让你有意想不到的收获。

（本文于 2020 年 2 月发表于《中学课程辅导》有删减）

实施创新教育，促进学生自主发展

伟大的苏联教育家霍姆林斯基说过：学生来到学校里，不仅是为了取得一份知识的行囊，更主要是为了变得更聪明。21世纪是创造的世纪。世界的发展靠创造，墨守成规是一个民族走向衰亡的开始。面向教育，联合国教科文组织在报告《学会生存》中指出：创新教育是教育界的核心，而课堂教学是创新教育的主渠道。在教学中，如何培养学生的英语创新思维能力，使学生学活书本、学会学习、学会探索、学好英语呢？教师的教育思想、教育方法等诸多因素将起到关键性作用。

一、教师在创新教学中就具备的素质和作用：转变传统教育观念，树立现代教育意识和创新精神，积极推动教育改革

教师承担培养祖国未来人才的神圣使命，具有创造性和复杂性的特点。首先要求在品德修养上，必须热爱教育事业，具有责任感，能为人师表，这是影响教师工作成效的首要因素。我国的教育已步入了一个崭新的历史发展阶段。随着对传统教育观念的转变，教师就应该从"应试教育"的怪圈里走出来，伴着新的教育观念的树立，使学生学会做人、学会生存、学会学习、学会创造。总之，要让学生会学，有创新、有实践，作为教师，更应培养自身的创新精神，这样才有利于培养创新人才，以推进我国的教育改革。

二、教师在英语教学中素质的培养和提高

我们面对的是信息技术不断发展变化的时代，处于这种环境中的青少年学生，在知识的来源、范围等方面，和前辈相比，都占有独特的优势。在这种情况下，学校教育对中小学教师的素质要求有了新的变化。早在1981年6月，在曼谷召开的APEID第七次地区协商会议上，众多学者就指出：现代化的发

展要求教师从"守摊型"向"开拓型"发展。作为教师，就应该经常深入学习，获取新的信息，注重更新知识结构和培养自身的创新意识，探索、创建新的教学方法。创新离不开对知识，尤其是多方面知识的具备和掌握。在向学生传授知识的同时，教师通过自我拓宽或适当进修丰富的专业知识，以提高业务能力，同时尽力通过学习多学科和跨学科知识，如计算机基本知识以及其他学科的一些基本知识，以扩大知识面，提高自己的综合素质，从而提高自身业务能力和创新素质。在英语教学中，尤其在阅读理解教学中，许多文章都极具专业性，例如：在 JEFC BOOK 3 LESSON 70 和 74 这些文章中涉及能源、人文地理、环境保护、宇宙空间等方面内容，又如在 JEFC BOOK 3 LESSON 62 不但学习 The English Language 的重要性，甚至可联系到外国的不同国家有着不同的风土人情、风俗习惯。随着知识面的扩大，对文章的内容、背景知识、专业术语等都能比较容易讲解，也就能有利于进一步提高自己的创新素质，才能用真才实学去教育学生，培养和充分发挥学生的创新性思维，促进他们的自主发展。

三、教师在创新教育中的实践

现代信息技术渗透于各门学科的教学，用先进的教育理论与创新教育思想来指导课堂实践。

首先，要为学生创设氛围，激发自主能力

教学中，我注意把微笑与鼓励带进课堂，和蔼可亲地对待每位学生，让每位学生都能享受到同一片蓝天下的欢乐，以此唤起学生积极的进取意识。学生的情感直接影响到他们的学习兴趣和学习效果。只有健康、昂扬的情感才能使学生的创造性、自主性得到发展。对于语言学习，更需要教师创造一个特定的能使学生产生共鸣的学习环境，让学生在特定的情况下学习特定的语言。教学中，我注意用实物演示情境，用图画再现情境，用音乐渲染情境，以表演体会情境，以生活展现情境，以语言描绘情境，把学生带入所学情境之中，从而使学生更好地理解、掌握所学的内容。我借助录音、录像、电视、计算机、语言、实物、幻灯等各种媒体进行教学，创造良好的氛围，激发学生的求知欲和浓厚的兴趣，这有利于他们创新思维的开发，更有利于他们自主地学习。

其次，要善于将现代信息技术渗透于学科教学，真正让其在教学中发挥作用，收到事半功倍的效果

作为一名教师，要培养创新人才，就应在吃透教学大纲和教材的同时，研究现代信息技术和学生现有的知识水平及能力，并在课堂中大胆合理地使用现代信息技术，使学生在知识能力、个性、心理等方面得到和谐发展。如在教学初中人教版第二册第 65 课时，我用了 CAI 多媒体辅助软件教学。首先我放了一段有趣的关于天气的影像，那鲜艳幽默的画面一下子吸引了学生的注意，使学生对教学内容有了初步了解。随后，我又用其他关于天气转变的自然规律来教学新单词和句型。逼真的画面，贴切的解释，使学生一下子便对课文熟悉了。接着，我又通过 Superman 和 Pretty girl beautiful flowers 教学感叹句的学习，形象的比较使学生兴趣盎然，注意力高度集中，良好的教学氛围促进了学生积极学习。最后我还要求学生听一段录音，然后按要求画图画，这是有目的地培养学生的想象能力。心理学研究表明，想象是一种可贵的心理品质，是创造的基础。创造性思维的培养，离不开想象。

最后，教师要在创新的教育思想和先进的教育理论指引下去进行课堂实践

古今中外成功的教学经验告诉我们：能否真正引导学生自主学习是教学成功的关键。《学记》中讲得好："君子之教，喻也，道而弗牵，强而弗抑，开而弗达。"意思是说：君子求学，要善于启发学生，开导学生，但不要硬牵着他走；要鼓励学生，要给他解难释疑但不要把现成答案教给他。在多年的英语教学过程中，我深深地懂得教师在学识上，要精通专业知识，懂得怎样有利于创新性思维能力的培养，懂得怎样组织知识进行教学才能促进学生自主发展。在能力上，教师需掌握教育和教学的艺术，具备解决教育和教学问题的能力，尤其是具备创新性思维能力和掌握创新教学方法，并且充分利用学科本身特点，去帮助学生培养创新能力，并促进他们自主地发展。课堂上所采取的每一步骤和手段，只有既符合学生的心理特点，又符合英语教学的特点，才能保证课堂教学效果。如果教学方法使用得当，教学环节安排合理，学生的注意力就会集中。如果只是简单依靠教师的威严，对学生强行管理，就不能从根本上解决课堂纪律问题；况且，教师在严厉束缚学生行为的同时，也限制了学生的思维活动。

有很多课堂，从表面上看秩序很好，教师说什么学生做什么，但学生的眼神却显得呆滞，他们像木偶一样被动，消极地做着教师让做的事情。我们不否认严格的纪律是课堂教学的保障，但用什么手段维持纪律却非常值得研究。好说好动是孩子的天性，创设一个具有安全感、生动活泼的课堂环境，能激发学生的学习积极性和发挥学生的学习潜能，从而增强他们的记忆效果和提高他们的学习效率。教师可采用小组合作的学习方式，为学生提供恰当的活动内容和开放的活动方式，让学生在活动中学习英语，如模拟去商店买东西、参加晚会、打电话、问路等，以提高听、说、写等能力，让小组成员结成广泛友好的合作伙伴。给学生一个积极参与的思维空间，让学生自由、大胆地发表自己的见解，教师和学生之间的感情会更加融洽。这时的课堂看似混乱，但却是乱中有序，因为正是这种自由学习的方式给了学生充分展示自我的机会。通过启发式、讨论式等方法，通过情景创设、问题研究、协作学习、教师辅导等活动，把教师"满堂灌"的教学过程转变成以学生为教学主体的过程，从而达到培养学生创新意识、创新思维能力和实践自主能力的目的。

　　教育是门艺术，值得教育者花费毕生的精力去探索和追求它的至高境界。教师把期望带给学生，尊重、理解、宽容地对待学生，满怀信心地相信他们会取得进步，学生才能处于轻松、愉悦的教学环境中，他们的创新自主的能力才能得以发展。

如何提高组考人员应对突发事件能力

突发事件就是各种原因的一种无原因的巧合。正如亚里士多德所解释说：突然发生理应属于不确定之物的范围，非人所能测知。突发事件（emergency）可被广义地理解为突然发生的事情：第一层的含义是事件发生、发展的速度很快，出乎意料；第二层的含义是事件难以应对，必须采取非常规方法来处理。

学校是突发事件较易发生和主要的受害地，尤其是在考试过程中出现的突发事件的应急处理就具有重要性和紧迫性。有时候，"尽管无力控制事物本身，我们也要控制自己对事物的反应。"用一句老话说叫作"谋事在人，成事在天"，这与罗马著名的斯多葛派哲学家爱比克泰德的观点一致：我们要充分利用那些我们力量所能及的东西。那么，如何提高组考人员应对突发事件的能力呢？笔者有以下的体会。

首先，统一思想，提高认识

我校历来都重视对突发事件的应对应急处理的认识，从领导到职工都认真学习相关知识和相关处理办法，尤其是考试中心制定的应急预案，使我们对应急处理有了更高的认识。学校从领导到职工都把考试过程当中的突发事件的应急与处理当作重要的事情，真正做到未雨绸缪。

第二，建立机制，责任到人

1. 成立了以校长为第一责任人的学校考务办公室，由考务办公室专门成立"突发事件应对应急处理领导小组"，形成了以办公室、政教处、班主任、考试工作人员为主的学校突发事件应对应急体系。

2. 利用周会时间给学生宣传相关文件，学习有关理论，预防和减少突发事件的发生，控制、减轻和消除突发事件引起的后果，规范考试过程中突发事件应对活动，首要做的就是保护师生的生命安全，维护考场秩序、纪律等方面，对教职工和学生进行了详细的介绍。

3. 利用每次的考试动员大会对考务人员和学生按照要求组织进行了严格的模拟演练，在规定的时间里要求相关人员撤到规定的安全地区，要求考务人员遇到突发事情时，由考务办公室果断启动应急预案，一方面向上级汇报情况，做好请示，另一方面指挥考务人员沉着、冷静地按规程应对，尽力做到既保障考生的考试权利，又不影响考试的公正、公平。这样，不仅加强了学校应对突发事件的判断力，更锻炼了师生的应对应急能力。

最后，在抓组考工作中的具体做法

"墨菲定律"能给我们一定的启示。墨菲定律源自一个名叫"墨菲"的美国上尉，他认为"只要存在发生事故的原因，事故就一定会发生"，而且，"不管其可能性多么小，但总会发生，并造成最大可能的损失"；"任何事都没有表面看起来那么简单"；"所有的事都会比你预计的时间长"；"会出错的事总会出错"；"如果你担心某种情况发生，那么它就更有可能发生"。这就告诉我们，对任何事故隐患都不能有丝毫大意，不能抱有侥幸心理，或对事故苗头和隐患遮遮掩掩，而要想一切办法，采取一切措施加以消除，把事故案件消灭在萌芽状态。

现实中，人们往往等出了问题之后才忙于处理事故、做"事后"工作，召开各种会议进行反思，总结教训，最后得出结论。亡羊补牢，加强防范，这无疑是必要的。但最好的办法还是将着力点和重心前移，在预防的步骤上下功夫，见微知著，明察秋毫，及时发现事故征兆，立即消除不愉快事件发生。这就要求责任人要在防止事故上多用一点心，紧绷一根弦，多尽一份力，同时注重群策群力，让大家多想办法、多出点子，让每个人意识到"突发事件人人有关，人人关心突发事件"，如此，意识增强了，责任到位了，防范得力了，必能防患于未然。

组考过程中，主考和考务组长会面临不确定因素而造成的高度紧张和压力，却要将事件所造成的损害和影响控制在最低限度内，在有限的时间内作出重要决策和反应。虽然突发事件发生的可能性很小，它的应对和处理必须因事、因时、因势而异，但是我们可以通过审视突发事件的特点，把握突发事件应对与处理中蕴涵着的一些普遍性、规律性的原则，来分析学校应对事件中的得与失，借以提高我们应对突发事件的能力。

1.时间性原则要求应对突发事件必须掌握主动权。突发事件通常无章可循或无先例可以参考。突发事件具有负面影响，其一旦发生，时间因素就显得非常关键，必须在第一时间采取一系列紧急处置手段。一方面要及时准确地控制；另一方面要特别善于抓住应对和处理的最佳时机。突发事件，尤其是人为事件中的冲突性事件，最具力量的时机是第一个行动，即作出的第一个反应，可以是语言的，也可以是行动的。必须在有限时间内作出积极的反应。

2.科学性原则要求应对突发事件时必须科学决策。在突发事件的应对中要体现"以人为本"，不可盲目蛮干。学校应及时总结经验，变被动为主动。

3.创造性原则要求应对突发事件时必须创造性地解决问题。一方面，要有良好的应对心态。首先要有责任心，敢于负责。其次要做到急中生智。再次要有一种理性心态，面对危急时往往谁都拿不出一个万全之策，但是只要理性分析，沉着应对，总会寻求到满意的处理办法。另一方面，要具备关注事件变化的敏感性，以防处理不当时，造成家长、群众、社会对学校或教育行政部门产生误解、误会，作为考务办公室也应注意妥善做好该项工作。

据报道，为确保"嫦娥一号"卫星的安全，几乎每个系统、每台仪器都配有应对"意外"的备份，即"故障策略"。我们学校在每次组织各类型的考试时，都制定了应急预案，例如：信息技术毕业考试应急预案、英语口语毕业考试应急预案、八年级生物地理毕业会考应急预案等。可见，平时只有精心，关键时才能放心；平时只有周全，关键时才能安全。能不能做到精心、周全，一丝不苟，说到底是事业心、责任感问题。所以，在组考的管理工作中，我们始终消除突发事情"不会发生"的消极思想，建立"预防"的措施，以高度的责任感和积极主动的态度，把组考工作做到位，务求顺利组织好每一次的考试，让师生、家长、上级主管部门都满意。

（作者有着十几年的学校考务工作经历，写下此文以作留念）

浅谈学校招生工作人员必备的素养

包括学校在内的教育行政部门都有专门的人手负责招生工作，那么，招生人员必须具备哪些基本素质呢？"素养"一词，始见于《汉书·李寻传》："马不伏历（枥），不可以趋道；士不素养，不可以重国。"由此可见古人对于素养的高度重视。对于"素养"一词，《辞海》的释意是："经常修习涵养"，如艺术素养，文学素养等。而在《现代汉语词典》中，"素养"被理解为："平时的修养。"下面是我个人几年来在招生工作中的体会和总结，希望和各位同仁交流，算作抛砖引玉吧。

第一、招生工作人员必须具备良好的政治素质

1.熟知招生政策

这里所说的招生政策是指各市区招生政策、各专业情况、各类学校情况等，这些政策枯燥繁多，但是作为一个招生人员，这些政策就是你的工具，孔子告诉我们"工欲善其事，必先利其器"。所以作为一个合格的招生人员这些政策要烂熟于心。

2.必须具备深厚扎实的理论知识

招生工作人员只有掌握和运用科学、正确的政治理论，才能不断提高自己的政治素质，才能发扬吃苦耐劳的敬业精神，才能开阔思路，迅速接受新事物、转变新观念、培养政治意识，从而带动工作的全面开展。

3.树立为考生服务的思想

这是招生人员的最高指导思想。做招生的目的是帮助学生根据实际，在有限的教育资源中选出最适合自己的学校和专业。

第二、招生工作人员必须具备接近完美的人品

1.接近完美的品格性情

招生工作人员很大程度上代表学校或部门的整体形象。具备良好的性格，

对于招生工作人员来说是一项必备的基本素质。在招生过程中，不卑不亢，不愠不火，才能从真正意义上对工作起到促进和推动作用。

2. 要有使命感

有没有使命感是决定一个人做事态度与方式的决定因素，也是一个人成功与否的关键，是一个招生工作人员所学课程中最重要的一课，也是必修学分中最重要的一分。我认为做一件哪怕最简单的事情都应做到一种无比完美的境界，并且在做的过程中一定要饱含使命感。

3. 与时俱进的学习态度和踏实的工作态度

解放思想、树立和落实科学发展观是党和国家的重要思想，我们必须贯彻到具体的招生工作中。招生工作人员要具备与时俱进的学习态度和踏实的工作态度，提高知识含量和理论水平，增强文化底蕴，提高业务水平，取长补短，完善个人能力。

第三、招生工作人员必须具备的综合能力

1. 组织能力

在招生工作中，因工作需要会组建临时机构，这样，每一个工作人员都有可能挑起一个"组织"的管理重担。这就要求每个人必须培养个人的组织能力，使整个招生过程有条不紊，做到分工明确，权责明晰，相互配合，相互合作。

2. 良好的沟通能力

招生工作人员经常与领导、同事接触，同时应具备与考生和家长建立良好关系的能力。尤其是学校——这一最基层的招生单位，工作人员经常要与区、镇的招生领导交流，倘若具备了良好的沟通能力，是亲和力的体现，也是内在素质的表现。这种亲和力会大大促进招生工作的顺利完成。

3. 心理学知识的应用

做任何工作都离不开心理学知识。招生工作对心理学的应用尤其重要，具体应用如下：首先，要了解家长和学生的需求，根据各个时间段学生的不同心理进行不同的宣传，耐心了解学生心里所想。往往一些考生只是听信了某些传言，自己并没有多少主见，了解清楚后招生人员要真正从考生的角度分析学

校的优点和缺点，不要忌讳学校的不足之处，还要让考生认识清楚自身的条件，让考生对自己和学校都有客观的认识。这样学生会以正确的心态对待升学问题。

结语：教育行政部门和学校扮演重要的角色。随着社会的发展和进步，群众对自身利益的维护意识日益增强，因此，招生工作人员就必须在知识，能力和素质方面大力加强素养的全面培养。"不积跬步，无以至千里；不积小流，无以成江海。"对工作人员自身而言，唯有在平时的生活学习中对自我素养的培养多加注意并狠下功夫，才能够胜任工作。

（作者有着十几年的学校考务工作经历，写下此文以作留念）

"双减"，初中英语教师应该怎么做

"双减"文件的颁布，犹如平地一声雷，在教育行业震天动地。

"双减"政策：

* 减轻义务教育阶段学生过重作业负担

* 减轻校外培训负担

从心奚止不逾矩，绛人彭祖信齐肩。

一定不能踩的 12 条红线——"双减"划定的 12 条红线

1. 禁止布置超过国家课标难度的作业；

2. 严禁给家长布置或变相布置作业；

3. 严禁要求家长检查、批改作业；

4. 小学一、二年级不布置家庭书面作业，小学三至六年级书面作业平均完成时间不超过 60 分钟，初中书面作业平均完成时间不超过 90 分钟；

5. 坚决克服机械、无效作业，杜绝重复性、惩罚性作业；

6. 不得要求学生自批自改作业；

7. 不得利用课后服务时间讲新课；

8. 严禁教师参加校外有偿补课，严重的撤销教师资格证；

9. 线上培训要注重保护学生视力，每课时不超过 30 分钟，课程间隔不少于 10 分钟，培训结束时间不晚于 21 点；

10. 不得随意增减课时、提高难度、加快进度；降低考试压力，改进考试方法，不得有提前结课备考、违规统考、考题超标、考试排名等行为；

11. 严禁唯分数的倾向；

12. 防止偏题、怪题、超过课程标准的难题。

知之愈明，则行之愈笃；行之愈笃，则知之益明。

来听听大咖、学者如何谈"双减"。

针对"双减"文件的颁布，北京师范大学资深教授顾明远在《减轻学业负担——把立德树人落到实处》一文中指出：把立德树人落到实处，首先要大力推进学校的均衡发展，加强薄弱学校的建设。只有教育均衡发展了，才能从根本上破解学生负担过重的难题。

北京师范大学教授、国家教育咨询委员会委员钟秉林认为：减轻学生负担的根本之策在于全面提高学校教学质量，做到应教尽教，强化学校教育的主阵地作用。减轻学生作业负担并不代表没有负担，减轻学生作业负担也并不代表没有作业，课后练习包括重复性训练与实践性活动都是检验知识理解与知识运用的重要手段。

有学者认为这次的改革整顿与以往大不相同，这次把整顿课外培训提升到一种政治高度，在我们国家提高到这种高度的事情很少有失败的，因为这类工作是不计成本、不计代价也要完成的，它影响到很多部门官员的乌纱帽问题。这次对课外辅导的定向打击，主要是因为整个国家在针对升学考试开展的学科培训耗费巨大资源，同时还造成了比较大的资源分配不公平问题。"剧场效应"认为：一个剧院的人，如果第一排站起来，后面的人为了看剧，被迫一排一排地站起来，最后谁也没占到任何便宜，却多花了成本。你培训，我培训，钱被教育机构收走，孩子的时间被无情消耗，就为了考个试。

玉经磨琢多成器，剑拔沉埋便倚天。

老师们的困惑、困境、困难

深圳市龙城中学英语老师郭礼喜老师曾在一份问卷调查表上写道：做教师真难！现在觉得越来越不会教书了！短短两句话，道尽了多少老师的心声。

这两年我近距离目睹了老师们的忙碌，隔行如隔山，那是其他行业想象不到的。一上班就忙个不停，备课、上课、检查、批改作业、测试、改卷、处理学生出现的问题；应付检查、填写表格、参与活动、管理微信群，整天疲于奔命，有时候会来不及备课、检查学生作业，更加没有时间读书与思考，杂事、琐事、烦事太多。现在国家出台为学生减负政策，我希望国家也能颁布政策为教师减负。

"上面千条线，下面一根针"。众多的地方行政部门，都把学校当成听话的"小媳妇"，其中包括教育、卫生、食药、环保、消防、公安、共青团、文明办等；要完成创建的工作任务也很多：创建平安校园、法治校园、文明校园、绿色校园、食品安全放心校园、智慧校园、健康学校、教育装备示范学校、语言文字规范化学校等；要创建的活动也很多，如创建文明城市、卫生城市、森林城市、美城行动等，上级部门要求报进度，报信息，报做法，报典型，图片＋文字，不报、漏报、迟报、就要通报批评，影响考核。每一项活动要求有方案、有阶段工作安排、有过程印证材料作佐证、有应急预案、有总结。一项检查评估下来，满满十几盒甚至几十盒档案摆放整齐。

除了教育行政部门，其他部门都将学校纳入自己业务管辖范围，美其名曰"与学校联动"。要求开展各种活动，进行检查评比，报送相关材料。也许学校是工作最好贯彻的单位，你有什么工作，要开展什么活动，别的单位不一定贯彻执行，但学校不敢不执行，再加上老师知书识墨，做事一般很认真，有能力有水平写材料，而且很多任务还可以通过学生布置到家庭，由家长去完成，有时候导致家长怨声载道，把气撒在老师身上，老师们有苦说不出，无比期盼能真正过上"静下心来读书，潜下心来育人"的校园生活。

纸上得来终觉浅，绝知此事要躬行。

老师们的挑战和策略

由于政策的出台，教师境况每况愈下，面对的挑战却与日俱增，从以下方面分析和探讨。

*教育内卷严重，教师的工作压力增大

近几年教育的内卷日渐严重，教师受罪，整体行业的幸福感下降，教师的健康问题令人担心。教师上班的工作时长，有形＋无形，加起来平均超过12个小时。例如，络绎不断的会议、教研活动、作业或试卷的批阅、测试的分析等带给教师带来不小的压力，老师们过的是披星戴月的日子。

*课改与应试的矛盾

课改与考试时常让老师们处在两难境地。课改不是一朝一夕就能达成的，它需要长时间才能结出硕果，素质教育要在学生成才后需几年甚至几十年才能体现出来，而应试教育只需要几次考试成绩。在教育评价功利化的当下，老师们常发出"人在江湖，身不由己"的感叹。

﹡职业角色与个人生活的不协调

在"双减"前，一线毕业班教师是696，非毕业班教师是765，"双减"后，会变成796。繁忙的工作让很多老师顾着班上四五十个孩子，却顾不上家里的一个孩子或老人。随着课后服务的实施和推广，老师们的工作时长更被拉长了。职业角色与个人生活的冲突更加突出，对教师行业的吸引力、职业前景，对老师们的工作状态、身心健康、家庭生活等都有着很大的影响。

#洋溢生命温暖的课堂，上好每一堂课，留好每一次课后作业

随着校内时间的增多，英语老师更要抓住机会，用创新的教学手段，吸引学生学习英语，提升学习效率，从而提升教学的质量，想方设法避免长时间的机械式教学徒增学生的厌烦，从而令师生关系紧张、冷淡。温暖的课堂是生命的激活，意识的觉醒，情感的激荡，心灵的放飞。学生在课堂上敢想、敢说、敢问、敢辩、敢错。老师在课堂上是：书本让学生先读，见解让学生先讲，疑点让学生议，方法让学生说，规律让学生找。让学生感受到老师的温暖、清晰、有条理的表达，令人愉悦又富于变化的声音，再加上恰到好处的肢体语言、眼神交流。改变教与学的方式，运用高效、富有趣味的授课工具，新颖、富有创意的授课方式提高学生学习英语的兴趣，努力做到让每个孩子都"在场"，一对多地讲解、同伴互助、小组共学。每节课务必摒弃"满堂灌"，预留1/3时间练习，预留1/4时间批改和讲评，力求做到"一课一得、一课多得"。主动摒弃沉闷的"呈现—接受"课堂模式，努力打造生动的"引导—发现"模式，焕发生机蓬勃的课堂教学动态，生成活力。课后作业除了双基练习，还可布置灵活多样的主题活动、项目学习、特长发展等，以适合每个学生的可持续发展。

#守住英语课堂，建立大单元教学体系，借助人工智能，实现个性化教学

落实中央文件精神，着重培养学生英语核心素养和提高听说读写能力，打破传统刷题的做法，除了踏实把好知识点灌输和运用的基础关之外，还需要切实推进以学习者为中心、以核心素养为本的"大单元、大情境、大任务"教学模式，以适应当前的教学态势，继续探索基于英语核心素养的课程或单元案例设计、课堂教学实施、专业研修与共同体建设。充分利用人工智能的优势，

在佛山市教研室、顺德区教育发展中心的指导下，广泛推进线上线下有机结合的混合式学习，因材施教，支持学生个性化学习、自主合作探究学习。通过大数据的采集、挖掘、分析和反馈，采用多元评价方式看待学生的成长，实现"教—学—评"的一致性，全面、精准、及时地促进教与学的提升。

#英语教学和生命教育相融合，教学相长是师生的共舞

好老师的四项标准，即有理想信念、有道德情操、有扎实知识、有仁爱之心。曾有人做过一项调查，英语老师在学生眼中是最美丽、最时尚、最让人亲近的老师。由于学科特点，英语老师兼任班主任的比例较高，与学生相处的时间很多。在"双减"政策下，教学相长就是一场师生的共舞。教与学其实是教师与学生的交往，英语老师是社会的一个"角色"，他在讲台上讲课，同时也是告诉学生怎么样"做人"。教师的一颦一笑、一言一行，都在向学生和家长展示着自己的人格品位。信息时代师生都会面临各种情绪困扰，老师首先要具备强大的心脏、抗挫抗压能力，用稳定和饱满的情绪与学生共成长，引导学生建设丰富、纯洁、深邃的精神世界。

（此文是作者对当下教师群体困境思考后所写的随笔）

且教且思，精益求精

——小白板在初中英语写作课应用研究的反思

伴随着学校信息化不断地推进，知识传播与获取的方式产生了根本变化，教师的教与学生的学的策略也与以前不同。初中英语课堂教学该走向哪里？我认为，要由过去以教为主转变到以学生的学为中心。老师的教可以是一个点拨、引导、提升、点评的过程，不应该是教师讲、学生被动听的过程。笔者针对初中阶段英语写作教学策略的高效性，探究在写作课上应用小白板，把传统的教学手段应用在课堂上，达到高质低负的教学效果。笔者使用行动研究法，在真实的教育环境中，按照小白板在英语写作课堂中的应用研究计划，围绕研究目标，按照一定的操作模式，使用多种研究方法，解决教育实际问题。笔者通过计划、行动、观察、反思四个环节进行。前两步是实践阶段，实施工作任务，后两步是反思阶段，对实践的结果进行观测，对照行动计划和目标，检测任务的完成情况，寻找原因，制定出下一步行动策略。行动研究是一个螺旋上升的发展过程，每个螺旋都包括计划、行动、观察、反思四个互相联系、互相依赖的环节。笔者选择了杏坛梁銶琚中学九年级（1）班作为教学实验班，开展行动研究，主要目的在于探索小白板作为工具，在写作课上哪些环节应用得当，效果如何？

一、选择使用小白板的初衷

（一）缘于课堂教学改革

新的课堂教学改革的目的在于增大学生的参与度，便于学生动口交流、思维碰撞、分享观点，便于生生互动，便于老师分别指导，打破传统的教师"主宰课堂"的模式，实现学生学习方式的转变。

（二）缘于我校部分小白板应用英语课堂的班级取得显著进步的启示

我校在 2014 年 7 月至 2015 年 7 月期间，分别在三个年级每年级各选一个班试行"小白板应用于英语课堂"。一年的试行后发现，这三个班级的学生相比其他学生学习英语的兴趣更大，课堂气氛更活跃，学生自主学习能力更强，同时，教师更轻松，班级英语科的成绩也更好。

（三）缘于教学实践中的困惑

作为英语教师，我们发现：在平时的工作时间里，批改学生的单词听写默写以及书面表达（英语小作文）占据了我们的大部分时间。这样不仅耗费了教师很多时间和精力，而且作业的反馈有时也得不到及时的呈现，另外，学生对同伴的作业情况更是无从得知。因此，我们教师需要一种既省时省力又能最有效地呈现学生学习效果的方式。

二、小白板在初中英语写作课中的应用研究案例

（一）第一轮研究

小白板在初中英语课堂中的应用研讨课教案 广东省教育学会小课题研讨课

初三（1）班 谭燕珠

第 4 周 星期四 第 2 节 2016 年 3 月 15 日

1. 教学目标：把小白板应用在初三写作课上，提质减负。

2. 教学重点：书面表达的训练。

3. 教学难点：提高学生的书面表达能力。

4. 教学过程：

Step 1：听写（全体学生使用小白板听写，听写完后，立即批改和展示）。【5 分钟】

Step 2：英语汇报（轮值学生使用白板，向全班同学总结上一节课的重点内容或考点）。【3 分钟】

Step 3：教师引导本课写作要点和注意事项。【5 分钟】

小组合作，学生在小组内讨论本节课要写的英语文章。【5 分钟】

Step 4：学生代表口头表达他（她）们的文章。（3 人）【5 分钟】

Step 5：个人活动（全体学生在小白板上写出自己的文章）【5分钟】

Step 6：小组合作，互相批改彼此的文章。【5分钟】

Step 7：学生代表向全班同学展示小白板上的文章。【10分钟】

5.本课总结与反思。【2分钟】

在本节课上学生共有三次使用白板的机会，分别是听写、汇报、写作文三个环节，能实现"即时反馈"的功能。

教学反思：书面表达需要学生有大量的词汇储备和支撑、语法知识过关，因此，教师在课堂上采用由学生轮值的方式去完成听写、汇报两个环节，注重启发式、巩固型、精讲多练的方式。本节课突出小白板在英语课堂上的应用作用，教学的环节设计也是要紧扣这个目标，因此，听写、汇报、写作都使用小白板，既有学生个体的活动，也有小组合作的方式，目的是激发学生主动学习英语、应用英语的习惯，在小组合作过程中，培养学生团体意识和互帮互助精神，在教学的三个环节中都希望能达到小白板"及时反馈"的功能。学生用小白板用来写作文时，由于小白板的面积不够大，所以展示的时候坐在后面的同学看不清；部分学生的书写太小，写在小白板上看不大清楚，这些需要解决。

（二）第二轮研究

小白板在初中英语课堂中的应用研究，2016年顺德区初中视导工作研讨课教案

初三（1）班　谭燕珠

第7周 星期五 第3节 2016年4月8日

1.教学目标：小白板在初三写作课的应用研究，提高学生的写作水平。

2.教学重点：书面表达的训练。

3.教学难点：提高学生的书面表达能力。

4.教学过程：

Step 1：听写（全体学生使用小白板听写，听写完后，立即批改和展示）。【7分钟】

Step 2：英语汇报（轮值学生使用白板，向全班同学总结上一节课的重点内容或考点）。【2分钟】

Step 3：小组合作，围绕听写内容，讨论将会应用到的单词、短语、句型和连接词，绘制思维导图。【6分钟】

Step 4：利用小白板和平板电脑即时传输和展示学生的内容。【4分钟】

Step 5：个体活动（全体学生在小白板上写出自己的文章）。【12分钟】

Step 6：小组合作，互相批改同伴的文章。【5分钟】

Step 7：学生点评同伴的文章。【8分钟】

5.本课总结。【1分钟】

在本节课上学生共有三次使用白板的机会，分别是听写、汇报、写作文三个环节，能实现小白板"即时反馈"的功能。

教学反思：在第一轮研究过程发现的问题，需要在这一轮里解决，所以，笔者尝试使用平板电脑来把学生写在小白板上的字呈现在大屏幕上，让全班同学都看得清楚。本节课的教学目的侧重于工具在课堂上的应用，笔者在备课时对小白板和平板电脑的使用考虑周到，应用得当，但是，缺乏对教学内容深度的挖掘，导致教学内容偏基础、难度不大，虽然适合十几位同学的程度，却忽略了大部分同学的能力提升。初三复习课应当容量大，要有梯度，适合不同层次的学生。

（三）第三轮研究

小白板在初中英语课堂中的应用研究，2016年杏坛镇"最美课堂"评选活动研讨课教案

初三（1）班　谭燕珠

第12周 星期四 第6节 2016年5月12日

1.教学目标：小白板在初三写作课的应用研究，提高学生的写作水平。

2.教学重点：书面表达的训练。

3.教学难点：提高学生的书面表达能力。

4.教学过程：

Step 1：听写（全体学生使用小白板听写，听写完后，立即批改和展示）。【6分钟】

Step 2：信息归纳（学生阅读一篇202字短文，并完成信息卡）。【5分钟】

Step 3：小组合作，围绕阅读的内容，以及书面表达的题目要求，讨论将会应用到的单词、短语、句型和连接词，绘制思维导图（小白板）。【5分钟】

Step 4：口头表达，陈述观点与理由。【5分钟】

Step 5：个体活动（全体学生在小白板上写出自己的文章）【10分钟】

Step 6：学生点评同伴的文章。【5分钟】

Step 7：小组合作，互相批改同伴的文章。【5分钟】

Step 8：美文欣赏（朗读）与总结。【4分钟】

在本节课上学生共有三次使用白板的机会，分别是听写、讨论、写作文三个环节，能实现小白板"即时反馈"的功能。

教学反思：本节课能把现代技术和传统的教学工具交互使用，而且利用了两者的优点。本节课结构紧凑，衔接紧密，在写作前有进行良好的词汇、句型铺垫，时态的复习也能锻炼学生的自主归纳能力。另外，小白板的应用充分发挥小组合作的作用，同时，还侧重成员角色的交换。学生对小白板的使用兴趣浓厚，参与度高。学生使用小白板默写单词，反馈更快更直观。学生使用小白板写作文，修改更方便，教师当堂纠错也更方便。小组讨论和互改使学生的自主学习得到了体现。作文成果的展示给了学生充分的锻炼机会。课后小白板的作文在全班的展示给了学生第二次学习的机会。

三、小白板在初中英语写作课中应用的思考

笔者一直思考小白板在英语写作教学中的价值，英语课堂上，通过以小白板为中介，促进生生间的互动及师生间的互动，从而促进英语课堂上学生学习方式的变革，达到解放教师的目的。对于如何利用教学用具来辅助教学具有一定的创新意义和实践意义。

（一）创新所在

1.使用小白板的课堂和课程设计里，教学目标设计突出一个"明"字，即明确具体，符合新课程标准的要求。教学目标既注重了语言知识输出技能的培养，而且也考虑了文化和情感教育。书面表达是一个复杂的过程，在此过程中，语言与思维相互作用。这节课能把建构主义情境教学落到实处。离开了学

生与情境的相互作用，要想让学生获得对知识的建构是不可能的。

2.教学过程设计突出一个"清"字，即层次清楚。教学结构严谨、环环相扣，过渡自然。教学过程的主线非常清晰，教学过程有梯度和一定的深度。在写作教学中，教师应该要求学生努力达到"听、说、读、写"四个层次的层层递进与过关，符合科学的学习规律。小白板在初中英语课堂中的应用，充分体现了教师以学生为主体，充分发挥小白板的作用，使英语课堂气氛活泼，教师重视课堂的组织活动，使整堂课一环紧扣一环，牢牢抓住学生的注意力，使学生没有"开小差""做小动作"的机会，精心设计教学程序，严密组织课堂教学，充分利用一堂课的每一分钟。

3.教学方法设计突出了一个"新"字，即准确到位。教学方法创新，兼顾不同层次的学生水平，写作方法和技巧的指导符合学生的生理和心理特点，创造性地发挥了学生的潜力，整合点的把握相当准确、到位。把小白板作为辅助教具去使用，充分发挥了它的传统功能和价值，并且借助了极具现代化的平板电脑，把即时传输功能挖掘出来，弥补了小白板"版面"太小的先天不足，真正地做到传统教具和现代设备的互补。

（二）不足所在

1.由于笔者自身研究能力的限制，以及研究视角的差异，在研究过程中难免会存在一定的局限性。由于研究者为在职教师，尚缺乏丰富扎实的理论知识，在初中英语写作教学中应用小白板的策略构建过程中，缺乏较为系统的、较为完整的理论指导，使得本研究所构建出的"初中英语写作教学小白板的应用策略"缺乏系统性、完整性，需要继续完善改进。本研究的教学实验应用效果研究部分只选取了杏坛梁銶琚中九年级（1）班48位同学作为样本，实验样本较小，还应扩大实验范围，以进一步检验构建的策略的有效性。

2.本节课的课堂教学是在教师的设计和指导下开展的教与学的活动。我在强调学生主体作用和小白板教具应用的同时，却忽略发挥老师的主导作用。教师在课堂环节的处理上还欠缺紧凑性和流畅性，有点生硬。实际上，在教与学的过程中只有充分发挥教师的主导作用，重视教师在课堂教学环节中的 task teaching、建构策略、引导过程、答疑解惑等行为，学生的自主学习、合作探究才能有效开展。

（三）努力方向

针对本研究中存在的不足，拟从以下两个方面开展后续研究：

1. 在立足学科教学的同时，加大对教育教学相关理论知识的学习，积累丰富的理论知识，在实践的基础之上不断提升、完善自己的初中英语写作教学策略。

2. 扩大试验班级，深入和全面地对初中英语写作教学应用小白板的策略进行应用，进一步检验该策略的有效性。

且行且学，不忘初心

乘着冬日暖阳，我们捧着火热的心来到了广东第二师范学院。顺德区2018年中学校长任职资格培训班于2018年12月21日正式开班啦！

开班仪式上，顺德区教育发展中心何仪昌书记和教师培训室唐信焱主任先后做了发言，鼓励学员们要通过培训更新教育教学理念，增强对前沿教育理论、教学思想的探究与认识，从而提升自身教育教学的专业素养、教学实践的反思意识、科研和教育教学创新等能力。广东第二师范学院网络教育学院贾汇亮院长勉励学员们要对校长任职资格培训全情投入，力争在将来成为一名优秀校长，成为一名教育家。

简短的开班仪式后，我们马上进入了正式学习阶段。在三天的学习过程中，我们先后聆听了六场教授和专家们的专题讲座，讲座内容涉及到学校管理、品牌学校打造、课程开发等方面。他们娓娓道来，环环相扣，让我们开阔了眼界，拓宽了思维，提高了认识，明确了使命。

广东第二师范学院网络教育学院院长贾汇亮教授，以风趣幽默的语言作了题为《推动学校主动发展的制度设计及实践策略》的讲座。贾教授从学校变革发展的实践趋向、学校主动发展的动力来源、学校主动发展的目标、促进学校主动发展的实践策略等四个方面进行阐述，从专业的角度讲述了推动学校主动发展的制度和实践策略，结合实例引导学校如何以制度管理人和事，如何把制度落实，提升管理效能。贾教授用了上海、北京、广州等地的大量案例，分析了新优质学校、新样态学校、特殊学校等的特点，阐明了新时代学校变革发展趋势，强调学校要有内生动力、自主发展，形成科学、个性化的办学理念体系，统领学校发展，特色发展，从学生视角，满足学生个性教育需求，足以支撑人才培养目标的课程体系。最后贾教授还就促进学校主动发展的操作层面，提出了几点建议，包括用文化引领、变革制度、流程上微创新等。

林黎华校长的题为《培育校本文化 建设特色课程——品牌学校打造的有效途径探索》的讲座，分享了97中品牌学校的创建过程，用了大量的实例，向学员们阐述97中逐步实现的特色梦、独立梦、示范梦。从广引资源、共建课程，网络选课、走班教学，智慧课室、翻转课堂，走进高校、拓展视野，生涯规划，点亮未来五个方面讲述了97中开展"绿英计划"特色课程建设及取得的显著效果。林校长的讲座干货满满，为各位学员的岗位工作提供了很好的借鉴。

陈伟红校长的《基于师生成长的课程建设》报告，从学校现存困惑的背景入手，从上海课程领导力、专家眼中的课程、两个学校课程案例、几个代表性的课程概述、总结操作流程五大内容进行交流指导，提出课程建设"组建教师团队、观摩体验STEM课程、形成TRIP课程框架、创建课程学习主题、学校确定课时安排"的五大步骤，以上海市静安区教育学院附属学校的"城市与建筑"课程、浙江省义乌市宾王中学"向天歌"课程为典型案例，详细讲述课程开发的背景、过程和效果，可操作性强、指导性强。陈校长认为信任是师生合作、家校合作的基础，最后推荐多本相关专著，倡议我们要多读书、多思考、勤写作。

谢虎成校长的《教研训一体化的校本实践》主题讲座，则从学校实践的角度带来了另外一种画面。他以数据为依据介绍了广州市南海中学如何通过真抓实干的教研训一体化改变教师队伍的教研观念，提升教师队伍的团队意识和合作意识，促进学校全面发展的改革历程。他所提出的"调研—诊断—实践—模式构建"解决问题思路和"新星教师、骨干教师、名教师"教师梯队化发展计划，给我们很大启发。他带给我们的不仅仅是教育理念、教育教学管理方法和实践的干货，更给我们带来的是老教育耕耘者的教育情怀、敢于担当的勇气。

于慧教授则从管理学的角度作了《学校组织中的问题管理与决策分析》的讲座，她从管理学的经典故事入手，引导出校长们如何做好学校组织中的问题管理，提出了"表征—发现差距、本体—界定问题、根源—分析问题原因"的逻辑关系，以及改进和解决问题等管理学方面的原则，以鱼骨图作为例子解决生活中的问题，为我们在工作中解决实际问题提供了理论依据和逻辑思路。

广州市海珠区教育发展中心陈兆兴主任结合自己的办学实践和自己孩子的成长经历作了《做有思想的行动者——我的办学实践及思考》专题报告，从看法、想法、说法、做法、活法五个通俗易懂的方面谈了影响学校管理的三要素、学校发展观、学校内涵发展、当前教师思想的三种类型、教师职业存在状态的三个层次、学生学习生活的三大表现等内容，深入学校的方方面面，帮助我们更好地厘清自己在学校中的角色定位，鼓励我们努力做有思想的行动者。

本次校长任职资格培训学习，时间虽短但收获颇大。感谢教育行政部门给我们提供了这次很好的学习机会。通过培训学习，我们学到了许多新的知识、新的理念，受益匪浅，感受颇深。我们将把学习到的理论知识继续深化、理解，学以致用，根据本校的实际，灵活、有机地运用到工作中去。

（此文是作者参加校长资格培训的总结）

仰望星空，脚踏实地

秋风徐来，我们一行 62 人抵达东莞市教师进修学校，开始 5 天的学习和培训。

东莞市教育局教研室刘矞远老师的"知生事人，守正定心"让人眼前一亮。他认为现在的教育工作者需要"勤在当下，以人为本"，才能"坚守正道，定心制胜"。他从大象无形、现实境况、困中思变，讲到溯本求源和展望未来，字字珠玑，颇有见地。关于高效课堂的定位和误区，观点非常鲜明。高效课堂的定位：在某个课堂教学时间内，学生学习最大化，学生得到适合自身发展的最高效能。高效课堂的误区：不是在某一课堂里，学生做完了多少题目，教师完成了哪些进度，让每一个学生受到最适合的教育应当成为教育的核心理念。无用之用，是为大用，需要修炼教育智慧。无模之模，乃为至模，应该形成教学风格。求真、向善、臻美，是理应追求的教学境界。

东莞市长安实验中学的蔡映红老师跟我们分享了"数学中考备考策略与科组建设"。数学科组在她的带领下，连年创佳绩、评优秀，这么标兵的学科组是怎样练就而成的？她娓娓道来，悦耳动听。她整理了当下三个现象：1. 当下的初三复习，许多老师经历一种什么状态？复习进度赶着走，教辅资料牵着走，顽皮学生气着走。2. 当下的初三复习，许多学生的状态：紧张焦虑、身心疲惫、两极分化。3. 学生在复习时出现的问题：概念不清晰、计算不准确、性质不牢固、应用不熟练、方法不得当、思想不透彻。教师们需要在幕后做大量的工作：研读课标、课本、考纲、2013 至 2017 年省卷命制分析，组卷，包括专题卷、模拟卷，分层教学，临界跟踪，错题本。在科组建设方面，蔡老师和我们分享了三个策略：一是教学需求，任务驱动型教研模式；二是行动支持，组建 3 人小团队的学习共同体；三是行政支持，评价和科组长权限。数学科组暂时是我校的薄弱学科，科组建设又是教务处今年的重点工作，所以，当我聆听蔡老师的讲座时，就想起了陆游的诗词"柳暗花明又一村"。

未来已来，科技进步的浪潮正以惊人的速度改变着我们的生存方式，学习是必须的，改变是必然的！来自东莞市松山湖实验中学的万飞校长的愿景是办一所面向未来的学校。他的办学围绕两个中心：课程和课堂。在课程方面，要积极做好国家课程校本化，积极开发校本选修课程，促进学生个性化发展。在课堂方面，课堂教学与信息技术深度融合，提高课堂效率，提供大数据支持，供老师们进行教学反思与二次备课。万校长说："办好一所学校，世界上就少了一间监狱。"看得出他对教育怀有一定的情怀。

北师大毕业的杨国华校长管理着华南理工大学附属实验学校，"中考备考学校管理策略分析"是他发言的题目。连续多年获得天河区初中教育教学绩效评估一等奖让杨校长看起来意气风发，话语低沉有力。如何针对中考抓中考？杨校长从三个方面阐述：一是加强备课组建设；二是实施分层教学；三是信息技术辅助教学。如何跳出中考抓中考？初三备考"四三二一原则"："四"包括课程标准等文件依据、中考真题、考试信息、学情；"三"包括集体备课、分层教学、专业训练；"二"包括精选精练、科学讲评；"一"是落实反馈。

我们参观走访了东莞东城初级中学和可园中学，两所学校的标杆作用由于让人艳羡的教学质量而得以发挥。"凝心聚力抓质量，精细管理促提高"显示了杨校长的强人气质。她着重跟我们分享了"面向中考的初三年级后期管理策略"，行之有效，立竿见影。他们的做法是德育为先，把教师的师德教育和学生的素质教育做细做实。质量为本，把教师专业的发展和教学管理的优化做细做实。教育本真，把学生的发展和教师的发展做细做实，人文见长，和谐发展。细化管理，工作重落实；立足课堂，督导重细节；重抓中考，备考求实效。总体策略是定目标，凝聚人心，形成合力；树信心，振奋人心，激发动力；明导向，引领人心，追求效力。后期策略着重于冲刺阶段的教学管理和学生管理。科学安排备考计划，深入研究考纲考题，落实备考的关键环节，细化模拟考后的质量分析，重视学生的学法指导，推进实施分层教学。

可园中学刘校长朴实的话语留给我较深刻的印象，"三多两少一转变"，使可园中学的教学质量不断进步。"三多"：备课多，课堂活动多，教学技术应用

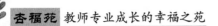

多。"两少":课堂讲少些,课后作业少点。"一转变":厌学向乐学转变。

虽然五天的时间匆匆而过,却是收获满满,是个得到启发和引发思考的学习过程。如何抓常规?抓课改?抓中考?感谢发展中心,让这几个问题的答案逐渐明朗。多抬头望天,也不忘看地。

（此文是作者参加顺德区中考备考学习培训的心得体会）

别让课堂，陌生了彼此

冬去春来，走过学校的牌坊二十载，匆匆的脚步迎来和送走一届又一届的孩子，他们刚进校时活泼的笑脸，毕业时稚气未脱的懂事样子，深深地留在记忆里。

是灵动的课堂，让我们彼此熟悉。是没有压抑感的课堂，让我们彼此信任。是智慧的课堂，让我们共同成长。

我的课堂大多数采用小组合作讨论和展示的模式进行，合作互动的环节包括三个步骤：一是4人小组（前后桌）讨论，教师巡回指导，收集讨论情况；二是师生互动，学生在讨论交流中不能解决或者存在共性的问题，由小组提出来，教师先让已解决了这个问题的小组当一回"老师"，面向全班同学作解答，教师在必要时适当作出点拨和补充；三是教师精讲，根据教学目的、重点、难点、考点，以及学生在讨论过程中遇到的困难，进行重点的讲解。佐藤学在《静悄悄的革命》一书中明确提出以下观点："让那种与物与教材对话，与学生与教师对话，与自我与自身对话的学习成为教学的中心。从个体出发，经过与同伴的合作，又再返回到个体的学习。"这是学习的本质。

我们的初中课堂不是讲师作秀，要知道每一节课让学生"学什么"。遵循规律，课堂就是让孩子们学会知识、学会学习、学会与人沟通交流、学会倾听和表达，绝不是呆呆坐一节课，不停地听老师讲，有时候做做笔记，机械地接受课本上的知识，没有做到真正地内化、吸收和迁移。慢慢地，在课堂上教坛与课桌之间变得距离远了，教师与学生也变得陌生了。

按照学校的要求，本学期我在校内大概听了19节课，涵盖文理多个科目，但令人非常担忧的是：我们的课堂以灌输为中心的居多数，孩子们成了知识的被动接受者，他们体验不到参与学习本身的喜悦，被剥夺了持续学习的意识与喜悦，课堂呈现出来的景象是教师靠单向传递、学生孤独地记忆知识的学习。

佐藤学在《静悄悄的革命》一书中旗帜鲜明地提出来了：我们的课堂要让学生能动地学习，合作地学习，基于双向性、多向性对话地学习，这是以教为中心与以学为中心的区别。

新课改进行了十几年，我们大多数课堂还是停留在"教师讲解，学生听讲"的模式。要知道新课程改革包括三方面：学校改革的核心环节是课程，课程改革的核心环节是课堂，课堂改革的核心环节是教师专业发展。

教师的专业发展究竟要发展什么？教师的专业发展不仅包括技能、知识的提高与扩充，还应包括涵养的提升，比如沟通能力、自信心、视野、精神面貌等的提升。由于工作兴趣丧失而导致的"无兴趣病"使部分老师在工作中表现出懒散、不求进取、缺乏学习意识、不负责任、混世等消极情绪或行为，直接影响教学质量和教学结果。

现代社会科学技术和文化的发展日新月异，尤其网络信息飞速发展，对教师的要求也越来越高，需要教师不断学习和自我提升，实现专业化发展。我们当下需要努力调整心态，多与学生沟通、了解学生，得到学生的支持，及时调整教育教学行为，要学会心理调适，排解心理压力，缓解工作压力，消除紧张情绪，还要永怀爱心，爱学生，爱自己所从事的教育教学工作，从中体会到工作的快乐，体会到学生成长、进步的快乐，让课堂拉近与学生的距离，别让课堂陌生了彼此。

（此文是作者进行教学调研后所写的随笔）

不但春妍夏亦佳，随缘花草是生涯

在当今，科学技术迅猛发展，信息时代一日千里，各国各地区都把拔尖创新人才培养置于发展竞争力的重要位置。顺德教育局近年来更是多次提出要加快培养具有区域竞争力的拔尖创新人才。顺德区各初中肩负重任，常言道：压力也是动力。

在春暖花开，夏日飘然而至之时，顺德教育发展中心组织 90 多位初三学科骨干教师和行政以及区、镇学科教研员，在中国教师研修网的安排下，集体前往惠州取经学习。三天的行程紧凑、高效。我们亲眼目睹了惠州一中和惠州南山学校的学校日常教学场景，尤其是关注和了解了尖子生的培养模式、时间、课程以及人员安排。"他山之石，可以攻玉"，惠州之行，给了我一定的启发，更有利于指导全校的尖子生培养工作。

一、初心：寻找智力优秀学生素质教育的可行模式

（一）要想培养一群拔尖优秀学生，关键要有一支优秀的队伍

这个团队的组成主要力量来自班主任和科任教师，学校的校长和行政是这支队伍里面决定正确方向的人。正如惠州一中刘校长所言：核心——班主任＋科任，学科培优教师＋科任（总分最大化！）。

（二）班科任队伍的后面必须要有团结、专业水平高、责任心强的教研组团队

深圳市南山区教科院周爱国老师在讲座中多次强调：教研组文化在教师的发展中起着举足轻重的作用，是教师成长的"小环境""小气候"。学校应该做到：以人为本——由关注"事"转到关注"人"；去行政化——由"强势"走向"民主"；倡导合作——由"竞争"走向"合作"；专业自主——由消极走向积极。

（三）在各年级组建和打造尖子生团队，实行互学互讲、作业免交的措施

资优生思维敏捷、观察力强、想象力丰富、兴趣广泛、喜欢质疑探究、学习快速轻松，除了智力高以外，他们在绘画、表演、表达、领导力、社交能力、创造力等方面具有较高潜能。教师围绕"因材施教"的核心理念，创造真正适合这些资优生的教育，使其潜能得到充分的、高水平的发展。

二、前行：创新数理化以及英语高效能的教学手段

俗话说：学好数理化，走遍天下都不怕。偏偏我们学校稍弱的科目就在数理化中，学科不平衡导致的后果就是总分缺乏竞争力。鉴于此，学校提出"倾斜数理化，提高总分"的策略。同时，我们深知，在初中阶段，英语科业属于"拉分"科目，英语的教学不容忽视。因此，在惠州学习期间，我特别关注这几个学科的教学措施，趁此机会，作出以下总结要点。

（一）激活教师思想，优化高效能的教学模式

教学改革的关键在教师，教师素养提升的原始动力来源于"信念"的转变。要想"手脚"行动起来，首先要动"脑子"和转"眼睛"，多思考、多看看，转变教学信念，即"激活思想"和"调整重点"。学校应想方设法引领教师解放思想，鼓励教师根据自己的想法对教学进行探索，培养学生寻找"是什么"、"为什么"和"还有什么"的思维习惯。调整重点就是要求教师将教学重点从研究教师"如何教"调整到研究学生"如何学"，以学定教，教学生"学会学习"。以惠州南山学校的英语老师的公开课为例，亮点纷呈：教师是组织者，学生是主角，突出以学为主的理念。两位学生当"小老师"讲解，提高学生的思维品质。学生独立思考，分部分写下作文，约10分钟。学生分组交流，1、2、3组负责P3、P4，4、5、6组负责P1、P2。小组合作，汇总成一篇完整的作文。教师展示学生的作文。教师展示2018年惠州市满分作文，给学生树立一个样板。

（二）开展自我反省，自觉进行学科考题研究

教育的真谛是育人，资优生求知欲旺盛，学习方式高效，但也受中考、高考评价的规定性内容和形式限制，虽然加强了探索、创新、综合、实践等

内容，但现实中难以全面真实考查资优生的实际水平，所以，让资优生在有限的考试时间内发挥出高水平，必须依靠高水平的教师的考题研究。顺锋中学、文田中学分别为兄弟学校介绍了他们先进、有效的做法，都很值得学习。

三、学习：落实因材施教，助力学生自主卓越发展

提高尖子生的教学效能，具体做法包括转变学习方式，采取自主、合作、探究的学习方式，灵活采用自学、小组合作等方式。提倡高效学习，课堂教学和学科作业做到少而精，减少思维含量少的练习。惠州一中、南山学校都有特色之处。

（一）惠州一中的做法

除了每日一课外，一个月1~2次大科组研讨，其他时候是由备课组集体备课；课题引领；开发"话题"的校本课程。培优班：总分前40名，动态培优，培优时间是一天一科，下午4:30至6:00。年级资料使用：《同步导学》《英语周报》《领跑中考》。拓展高中知识，做初高中衔接，使用高中的题型训练他们（阅读、语法、短文填空）；做话题演讲，再在现场写下（整理）一篇作文，老师现场批改；（半节课作文、半节课语法）使用《快捷英语周周练》，分类型阅读。A篇特点：细节阅读，注意挖坑，猜词的做法。尤其注意作文的书写，练字，怎么样快速入题，怎么样表达几个要点，切忌一大堆废话，还没有进入话题。

（二）南山中学的经验

9年级课件、进度、计划高度统一，每周两次2:00—2:25听力训练，课文背诵默写，作文动手写，字数够，练书写。课本知识第一轮复习（2.5月），包括语法复习，单词和课文背诵。第二轮：白天语法、晚上练习，一周一考，作文一周两篇，全批全改。第三轮：综合训练（周报）。年级平均分不低于90分，一周7节课，订《中考突破》。

麦秀风摇，稻秀雨浇，立夏时节，恰是草们、苗们的青年节。风小了，雨多了。"不但春妍夏亦佳，随缘花草是生涯"，我们理当无须畏惧，以随缘之

心体验自然，春日是良辰，夏日亦是佳期。顺德的初中教育在广大同仁的努力下，定然取得进步。"春尽杂英歇，夏初芳草深"，各校各出其能，自是各有其美。晴日暖风生麦气，绿荫幽草胜花时。

（此文是作者参加中考备考培训后所写的随笔）

游戏活动开启学年第一课

时间：2019 年 9 月

前言

临近开学，阅读了全国名师田湘军老师"开学第一课"里的建议，深受启发，感觉非常棒，心里有底了。

同时也为了响应顺德初中英语公众号的倡议，本着交流、共享的初心，一起成长。

第一堂英语课，希望能带给孩子们深刻的印象，许多年以后，他们长大了还会记得初中第一节英语课的情景，那是一件多么美妙的事情。想想看，每个人一生中发生不计其数的事情，能刻在脑海里的一定是他们喜欢记住的，能被孩子们记住的那节课一定是一节优秀的公开课！

我决定采用田老师的建议，用两个游戏、一首歌再加一个调查问卷来尝试开学第一课。

小孩子怀着各种心情进入初中第一天，开心、好奇、兴奋、紧张、忐忑……皆有之。同一个班里的同学来自不同的小学，也许有几个是小学同校或同班，但更多的是互相不认识的。让他们在第 1 节英语课上"热腾"起来，需要经过老师花费一点心思。先来两个游戏活跃一下气氛吧。

游戏一：Run to the board

组 1 和组 2（大组各 10 人），老师在黑板上方写：holiday，同学分两组，10 人 1 组，轮流走向讲台黑板前写出与 holiday 相关的词汇，看哪个组能在规定的时间里写得多且正确。（鉴于孩子们的基础比较好，再围绕单词，说出简单的英文句子。如果基础不大好的班级，可以忽略这个环节，以免影响气氛。）

组 3 和组 4（大组各 10 人），单词是 School，操作同上。（共有 40 位同学

参与，就好像体育课的热身活动了，让孩子们进行热烈的 brainstorm（头脑风暴）

游戏二：Say and do

此游戏活动每次进行的时候为两个同学。一体机上分别呈现了相关的单词和图片。两个同学背对背，在老师的指令下异口同声说出自己的单词，如果两个同学说出的是一样的，那就是 Bingo。在这个环节里，先呈现动物的单词，两轮过后，再呈现课堂用语，难度稍微加大，诸如（1）listen to the teacher，（2）study hard，（3）read more，（4）listen more，（5）do homework 等内容，寓课堂要求于游戏当中。

一首歌

在网络上下载了小学英语网红歌曲 *Follow the directions*。我很认同田老师的观点，告诉孩子们在我们的英语课堂上一定要积极参与，严格按照老师的要求，勤奋刻苦地学习。在一体机上播放歌曲，孩子们跟着跳、跟着哼唱，手舞足蹈，欢乐氛围马上营造出来啦。

一份问卷调查

我对孩子们完全不认识，通过问卷调查，可以迅速了解到孩子们的个人情况，例如兴趣、爱好、特长、学习英语的体验、学习英语的习惯、家庭情况、课余时间安排等，让我获取第一手数据。

附件

七年级英语学科问卷调查（学生版）

亲爱的同学，你好！首先感谢和恭喜你能来到梁銶琚中学，欢迎你！为了进一步提高英语教学质量，请你根据自身的切实感受完成以下问卷。我们将以不记名方式进行调查，调查资料仅做研究之用，并做保密处理，请放心，再一次感谢你的支持和合作！

1. 我喜欢英语 _____

A. 非常喜欢　　　　B. 比较喜欢　　　　C. 不太喜欢　　　　D. 不喜欢

2. 我喜欢英语的原因 _____【多选题】

A. 我喜欢我的英语老师

B. 我喜欢英语老师的授课方法

C. 学习英语，我总有成就感

D. 父母要求我学好，因此我才假装喜欢

E. 因为英语有 120 分，中考、高考都必须拿到分，所以我逼着自己喜欢

3. 我认为提高英语成绩最重要的是 _____

A. 听　　　　　　　B. 说　　　　　　　C. 读　　　　　　　D. 写

4. 我目前学习英语最大的困难是 _____

A. 听　　　　　　　B. 说　　　　　　　C. 读　　　　　　　D. 写

5. 做英语作业时，我通常做以下的事情 _____【多选题】

A. 抄单词　　　　　B. 做练习题　　　　C. 朗读、背诵　　　D. 听录音

6. 在课外，我通常做以下与英语相关的事情 _____【多选题】

A. 读英语读物　　　B. 听英语歌曲　　　C. 看英文电影

D. 听 / 看英语教学节目　　　　　　　E. 上英语学习网站

7. 课堂上小组合作，我都积极参与 _____

A. 总是　　　　　　B. 经常　　　　　　C. 有时　　　　　　D. 不会

8. 课堂上哪种讲课方式让我觉得收获最大 _____

A. 同学讨论　　　　　　　　　　　　　B. 老师讲解

C. 同学讲解   D. 师生互动回答

9. 我认为了解英语文化对学好英语的帮助很大 _____

A. 完全符合   B. 比较符合   C. 不太符合   D. 不符合

10. 家庭环境为我提供了很好的学习氛围 _____

A. 完全符合   B. 比较符合   C. 不太符合   D. 不符合

11. 除了英语教材，我常阅读的读物是 _____

A. 英文报纸   B. 英语辅导书   C. 英文杂志

D. 电子刊物   E. 其他

12. 我每天阅读课外英语的时间是 _____

A. 没有阅读   B. 半小时以内

C. 半小时至一小时   D. 一小时以上

13. 我喜欢 _____ 英语老师【多选题】

A. 幽默、风趣的   B. 充满活力和激情的

C. 善于组织英语活动的   D. 对学生严格要求的

E. 少布置作业的   F. 经常辅导的

14. 我在英语学习中的困惑是 _____

_____

15. 我希望英语课可以 _____

_____

开学第一课后记

朋友圈里流传着这段话："当老师的你，生命中会遇到很多个学生，每一个学生对你而言，只不过是众多学生中的一个。然而，对于学生来说，你却是他生命中遇到的有限的老师，你将是开启他万千世界的人。若爱，请深爱；若教，请全力以赴"。我只想说：Stay true to our original aspiration。

第一节课是在 9 月 2 日下午 3 点上，伴随着熟悉的铃声再次响起，走进最靠操场的课室，初一（1）班 40 多张稚嫩的脸孔映入眼里。豆蔻年华的少年少女，精神饱满，充满好奇和期待，随着"Class begins"而站起来。

师：Good afternoon, dear boys and girls.

生：老师好。

师：囧了。

生：乐了。

当 3:45 下课铃响后，一个男孩子特意走到跟前，很郑重地跟我说："老师，谢谢您。"我一下子没反应过来，"谢我什么呀？"

生："是要谢谢您！"

师："哦，不用谢。"

一个扎着马尾辫子的女孩子说："这节英语课，深得我心。"

"你喜欢就好。"自己在心里说。

现在回放一下课堂主要活动，以及简单总结第一课的感受。

一、游戏增趣，添加"欢乐"调味品

在这个游戏里，第一轮的两组同学不约而同地写出了诸如：Teachers' Day，Father's Day，Mother's Day，Women's Day。我一看到这个情景，就意识到两个问题：一是我没有讲解清楚游戏内容，可能我是用英文表达，同学们没有 get 到主要要求，他们以为是要写"节假日"，因为，holiday 的注释是：节日、假日；二是从中看出孩子们的思维有局限，扩展思维有待提高。当发现不对盘的时候，我马上给予提示：与 holiday 相关联的词汇都可以，后面参与的同学就好很多了，但由于前面的同学花费了时间，导致三分钟内组 1 有 11 个正确，组 2 有 12 个正确。

第二轮，组 3 和组 4 明显顺利很多，他们分别在 3 分钟内写出围绕 school 的 27 和 28 个词汇。

上面的游戏共有 6 位同学参与，有时候是"心有灵犀"，有时候是"背道而驰"，挺好玩的。至此，全班同学都有份参与到游戏当中，享受了同伴互动的乐趣。第二大组的同学获得了冠军，他们高兴极了，蛮有成功感。

二、歌曲添乐，充盈"欢畅"声调

我选取了 *Follow the rules* 这首歌，歌曲琅琅上口，配合动作，边唱边跳，手舞足蹈，比较搞笑。邓睿智和吴昊霖两个男孩子唱得最好，昊霖还走到讲台上领唱领跳，班里顿时欢声笑语。

三、问卷回答，加强"欢欣"了解

为了认识孩子们，初步了解孩子们，特意借鉴了网上一些题目，拟定了一份"七年级英语学科问卷调查"，数据如下图所示。

题号 / 选项	A	B	C	D	E	F
1	27	15	4	0		
2	22	32	32	1	3	
3	14	23	12	6		
4	17	13	5	11		
5	33	46	31	16		
6	17	37	36	8	12	
7	16	19	10	0		
8	4	11	2	32		
9	33	11	2	0		
10	21	20	4	1		
11	1	27	2	4	15	
12	3	22	18	3		
13	45	38	38	26	21	23

通过调查，获得的数据大致如下：58.7% 学生非常喜欢英语；69.6% 的学生喜欢英语的原因是：喜欢英语老师的授课方法和英语学习让他（她）总有成就感；50% 的学生认为提高英语成绩最重要的是"说"；36.9% 的学生觉得目前学习英语最大的困难是"听"；80.4% 的学生在课外听英语歌曲，有 78.3%

的学生看英文电影；69.9% 的学生认为"师生互动回答"让她（他）收获最大；有 71.7% 的学生认为了解英语文化对学好英语的帮助很大；97.8% 的学生把"幽默、风趣的"作为理想中的英语老师的首选，其次有 82.6% 的学生选了"充满活力和激情的""善于组织英语活动的"这两个选项。

关于英语学习中的困惑则涵盖了"听、说、读、写"几个方面，记不住词汇、语法不清晰等问题居多。学生对英语课堂的期待很多：充满乐趣和活力、在玩中学、多活动、多互动、双语翻译等等。

七年级是童年向少年过渡的一年，孩子们内心充满童真，但同时又处在青春期的"忐忑不安"懵懂期，作为众多老师中的一员，努力做好他们这一时期的引路人，微笑着前行，不忘初心。

绘本阅读开启学年第一课

时间：2022 年 9 月

课程思政融入绘本阅读，社会主义核心价值观公民个人层面：爱国、敬业、诚信、友善

主题阅读：人与环境（Man and Environment）——（拟人手法）人与人之间的相处（Getting along with people）授课时长：40 分钟

1. 教材分析

本阅读课的主题为人与人之间的相处（Getting along with people），选择的绘本是《狐狸爸爸笑了》，它是作家宫西达也的一个经典绘本。它讲了一个狐狸想吃小猪，最后却被善良感动的故事。狐狸一出场，就宣布："今天吃小猪大餐！"结果遇到第一位小猪，善良地邀请他一起吃苹果；遇到第二只小猪，邀请他一起浇花，还送了一盆花给他；第三只小猪，当狐狸受伤以后，帮他包扎伤口照顾他。最后，狐狸虽然没有吃到小猪，但是却收获了满满的善意，自己的内心非常满足。

学期第一课从阅读故事开启，为学生创设英语学习环境，拉近了与学生们的心理距离。同时故事传达的寓意——保持善良，也是本学期倡导的班级核心文化，润物细无声，把课程思政有机地融入课堂教学中去，有了课堂文化，课堂管理就有了根基。做一个善良的人，建立一个善良的班集体，是我们共同的目标。

2. 学情分析

绘本阅读是学生感兴趣的板块，因为它有配图，能引起学生阅读的兴趣。狐狸和小猪之间的相处容易让学生有代入感。初一学生可能对动词过去式不熟悉，因此需要在课堂上给予解释和帮助。另外，完成阅读报告的最后两部分，对于学生来说存在一定的难度，需要教师为其进行语言准备。

3. 教学目标

本课结束时，学生能够

（1）掌握关于狐狸和小猪相处过程中所发生的词汇与句型；

（2）理解一篇关于人与人之间相处所发生的故事的文章，运用获取关键信息、提取文章主旨、推断作者意图等阅读技巧理解文章；

（3）基于人与环境的话题，分析友善待人的价值所在，基于自己思考完成关于怎么样保持善良的讨论。

4. 教学重难点

教学重点

（1）掌握关于狐狸和小猪相处过程中所发生的词汇与句型；

（2）理解一篇关于人与人之间相处所发生的故事的文章，运用获取关键信息、提取文章主旨、推断作者意图等阅读技巧理解文章。

教学难点

基于人与环境的话题，分析友善待人的价值所在，基于自己思考完成关于怎么样保持善良的讨论。

5. 教学法

情境法、任务驱动教学法。

6. 任务

完成阅读任务单一和二。

7. 教学工具

电脑、投影仪、PPT、纸质版阅读材料。

8. 教学活动安排

步骤、时间及互动模式	活动内容	设计意图	核心素养提升点
Warming-up and task	教师通过介绍绘本故事内容，引起学生阅读的欲望。	导入话题，激活背景知识。	

续表

Reading	阅读《狐狸爸爸笑了》的故事。 完成阅读任务单一。 完成阅读后,引导学生归纳主题要义。	1. 训练学生获取关键信息、提取文章主旨、推断作者意图等阅读技能。 2. 通过对阅读语篇深层次的解读,引导学生提升思维品质,怎么样保持善良。 3. 借助思维导图,引导学生讨论如何做个善良的人。	【学科素养】 语言能力☑ 文化意识☑ 思维品质☑ 学习能力☐ 【能力维度】 识记☑ 理解☑ 运用☑ 综合☐
Writing	1. 布置阅读报告的撰写,引导学生养成阅读的良好习惯。 2. 引导学生关注议论如何保持善良,做个善良的人。	1. 引导学生养成阅读的良好习惯。 2. 践行课程思政融入阅读课堂的理念。 3. 通过阅读,提升学生的思维品质。	【学科素养】 语言能力☑ 文化意识☑ 思维品质☑ 学习能力☑ 【能力维度】 识记☑ 理解☑ 运用☑ 综合☑
Task	完成阅读任务单二		
教学背景和建议	背景:这一节课是参考 Gogolearning 教师成长学苑粒粒老师 2022 年 8 月 16 日发表于加拿大的《如何利用绘本故事,教好开学第一课》。 　　建议:在讲完这个故事以后,教师和学生一起讨论: 　　如何在班级里做一个善良的人? 　　学生们会给出不同的答案,教师可朝着下面三个方向做引导, 　　然后继续讨论,针对不同的人,我们可以做出哪些具体的善良举动呢? 一番讨论之后,可以总结出了下面几点。 　　1. 对同学善良 　　使用友善的语言; use kind words 　　乐于助人; help others 　　耐心聆听; listen when others talk 　　2. 对老师善良 　　注意听讲; pay attention to the teacher 　　发言前举手; raise hand before speaking 　　做班级工作; do class duties 　　3. 对自己善良 　　对自己善良,自尊自爱,对自己负责。 　　比如,按时完成作业; finish homework on time 　　每日读书打卡; read everyday 　　做运动 保健康;do sports and keep healthy 　　人之初,性本善。 　　这些年做课堂管理的转变,使人更加相信:我们每个人的身上都有向上向善的力量。 　　通过合理的引导,学生们心里的善良种子一定会发芽成长。 　　希望每一位老师,都能在学生们的眼睛里看到善良的光。		

思政教育开启学期第一课

2023 年 2 月

课题

"开学啦" 春季学期第一课

时间

第一周 共 1 课时

教学目标

1.接收新年祝福和新学期的美好愿景，奠定本学期健康、阳光、和谐的教学氛围。

2.新学期思政教育进英语课堂：懂感恩志报国、讲卫生防病毒、讲安全防意外、讲规范守纪律、讲习惯爱学习、爱生活讲诚信。

教学过程

Step 1 新学期寄语

祝福语 兔飞猛进 Make great progress

前兔无量 Bright future

大展宏兔 Spread one's wings and realize one's ambition

兔年大吉 Good luck in the Year of the Rabbit

学生活动：猜测词义、学会正确发音和朗读、感受中英文语言之美。

设计意图：用喜庆的语言营造课堂欢愉的气氛，让同学们感受中英文语言之美，体验跨文化乐趣。

Step 2 观看视频

观看 "女排获奖后，女生激昂朗读感染全班同学" 的视频

"And it's sent straight back to her by Chinese spiker Hui Ruoqi. Popvic can't get the ball back this time. And that's it! It's over! It's gold for China! Look how the crowd has gone wild. You can see the joy and pride on faces of Chinese fans. And there we see the Chinese players embracing with tears of happiness in their eyes. It's a dream come true for China. The Chinese Women's Volleyball Team is Olympic Champion once again!

学生活动：观看视频，模仿朗读，向中国女排致敬。

设计意图：感恩女排们为国争光的不懈奋斗，燃起报效祖国从我做起的坚定信念。

Step 3　思政教育进英语课堂

1. 讲卫生防病毒

2. 讲安全防意外

3. 讲规范守纪律

4. 讲习惯爱学习

5. 爱生活讲诚信

学生活动：

活动1：山河无恙子归来，不负韶华争朝夕

1. 外出时要佩戴口罩。减少去人口密集的地方，更不要去疫情高发地。

2. 避免去疫情正在流行的地区。不要接触和购买野生动物。同时，居家生活要保持清洁。

3. 定时开放门窗，通气换气。

4. 避免接触野生动物。保持良好的个人卫生。避免用手直接接触眼口鼻腔。

5. 要注意勤洗手。不要随地吐痰。打喷嚏或者咳痰时，用纸巾或者袖肘捂住口鼻。少与他人接触。

活动2：安全规范

1. 人身安全：在校园内不追逐打闹，不带管制刀具及其他危险物品进入校园。在校外不与不三不四的人交往，不玩火，不到沟壑池塘玩水。

2. 财产安全：保管好自己的物品、不带零花钱进入校园，如捡到东西要主动上交，做文明中学生。

3. 交通安全：在公路上不追逐打闹，遵守交通规则，十字路口注意行人车辆，通过路口要做到"一停二看三通过"。

4.饮食安全：不饮生水，不吃不卫生的食品，饭前便后要洗手，不吃霉变或过期的食品，餐具要每日消毒。

活动3：规则

1.认真做值日，保持教室、校园整洁。保护环境，爱护花草树木、不随地吐痰，不乱扔果皮纸屑等废弃物。

2.同学之间友好相处，互相关心，互相帮助。不欺负弱小，不讥笑、戏弄他人。

3.待人有礼貌，说话文明，讲普通话，会用礼貌用语。不随意翻动别人的物品，公共场合不打扰别人的工作、学习和休息。

4.按时上学，不迟到，不早退，有病有事要请假，放学后按时回家。参加活动守时，不能参加事先请假。

5.衣着整洁，经常洗澡，勤剪指甲，勤洗头。自己能做的事自己做，衣物用品摆放齐，学会收拾房间、洗衣服、洗餐具等家务劳动。

活动4：学习习惯

1.课前准备：课前准备好学习用品，书本统一放在桌面的左上方，文具横放在桌面正中间。

2.候课：提前5分钟迅速而安静地走进教室，等待老师上课。

3.上课：积极举手发言，坐姿端正，抬头挺胸身体坐直，学会倾听同学发言。专心致志地听课，积极思考，边听边想，适当时候发表自己的观点：或陈述、或补充、或更改。不随便讲话，不做小动作。未得教师许可不得离开座位和教室。

4.语言表达

（1）能用完整的语言表达自己的想法。

（2）自然大方，声音响亮，口齿清楚，语言亲切，态度诚恳。

（3）质疑时举手示意，不可随意插话。

5.小组合作：听到老师开始的口令后再动手、动口，小组交流时要小声、有序，完成后举手告诉老师。

6. 课间纪律

（1）下课后不在教室内大声喧哗或追逐打闹。

（2）不准在教室内进行体育活动。

（3）教室内的物品未经允许，不得擅动。

7. 听课习惯

（1）眼到：看黑板，看老师。

（2）口到：积极回答问题。

（3）心到：用心听讲，不可三心二意。

（4）手到：做好课堂笔记，按时完成作业。

（5）脑到：对于不懂的问题，善于思考，追根求源。

8. 作业要求

（1）作业本封面一律清晰填写：校名全称，ＸＸ班，姓名。

（2）每次作业标出日期，书写清楚，字体规范，大小均匀。

（3）小组长负责收齐作业，统计没有上交作业的名单。

活动5：爱生活讲诚信

从 M1 U1 中，我们应学会热爱生活，照管好自己的物品；还应知道"诚信"的可贵之处，捡到不属于自己的东西，需培养自身"将心比心"的共情能力，急人所急，归还物件，问心无愧。

教学后记或反思

本课为新学期开学第一课，内容丰富，环节紧凑，包含新年寄语、思政教育和学科知识，主要创设朝气蓬勃、阳光向上的课堂氛围，让学生从漫长的寒假状态中回归孜孜求学的课堂中来。结合第一课的学科内容，在备学生和备教材的两个环节里，充分考虑实际情况，把思政教育和学科内容整合，构成了"开学第一课"。

以歌燃情，以境会话，适当拓展

——外研版七上 Starter 教学后记

预备级 Starter 是小初衔接的模块，目的是培养学生学习《英语》（新标准）初中阶段教材所必须具备的基本英语语言素质，是听、说、读、写技能的初级训练。学生在小学阶段较为系统地学习过英语，他们可以轻松达到"预备级（starter）"的要求。如果学生在小学阶段没有接触过英语或基础欠缺而造成学习上的困难，他们需要付出比学习过英语的学生更多的努力来掌握这些全新的内容。教师的教学需要按照 Starter 里面每个单元所设计的学习步骤一步一步完成课堂教学，帮助学生在开始学习初中英语前做好准备。我所任教的是创新实验班，学生有较好的英语基础，所以我把重点放在各单元的主课文对话，作为知识重点进行复习式教学。

无论哪种程度的学生，在课堂上都不会喜欢沉闷、枯燥的氛围。歌曲是活跃课堂的"调味剂"，适当的、欢快的歌曲能起到振奋精神的作用，把课堂调出"新和鲜"的味道。刚升读七年级的孩子，生性好动，注意力容易发生转移，从儿童心理特征来讲，学生唱歌时随着旋律的起伏变化，在感到松弛、愉快、满足的同时，会产生兴奋情绪。

一、以歌燃情，激荡少年心

在 M1 U1 中，a5 是复习小学阶段学过的 26 个英文字母的读音与书写。由于是实验班，我就带领学生跳过这一环节，直接去到 a6，让孩子们边听边唱。

在 Starter M2 U2 中，a2 是复习小学阶段学过的数词 1–10，所以直接全班同学以"chant"的形式来巩固 10 个数词，"chant"的句式结构整齐，具有押韵、有节奏两个特点，读起来朗朗上口，孩子们站起来边说边打节拍，产生愉快的体验，感知到英语的节奏美、韵律美。

Starter M1 U3 的主题是认识朋友和介绍朋友，我就特意在资源包里选定了 "Make new friends" 这首歌曲在课堂上播放，一方面营造快乐的气氛，另一方面帮助内向安静的孩子快速融入新集体。

在 Starter 的 M1 和 M2 结课前，我用了 "Ten Little Indians" 这首歌。个人挺喜欢这首歌的调子和氛围，有种"快乐的源泉"的感觉。

二、以境传意，荟聚孩子情

英语教学较为常用的方法之一是"创设情境"，不管语法教学，还是对话操练，都离不开情境或者情景。硬生生地读短语和句子不但没有收效，而且浪费时间，更不符合语言学习规律。《课标》里明确列出七年级学生关于"说"的技能标准描述：能在课堂活动中用简短的英语进行交际，能就熟悉的话题进行简单的交流。我在进行教学设计和预计的时候，就特意整合了教材里面的内容，把问候和介绍的情境定在课室里和大街上，让孩子们去模拟。

Listen and say

对话发生地点：课室里

— This is Mrs Tan. She's my teacher.
  Hello, Mrs Tan.
— Hello, Deng RuiZhi.
— Mrs Tan, this is my friend,
  Zhou Qixuan.
— Hello, Qixuan.
— Hello, Mrs Tan.

对话发生地点：大街上

— This is my friend. Her name's _____.
— Hello, _____.
— This is my friend. His name's _____.
— Hello, _____. Nice to meet you.
— It's time to go now. Goodbye.
— Bye. See you tomorrow.

在 Starter M3 U2 中，为了让孩子们懂得如何在学习遇到困难时向同学请教，我是这样创设对话语境的：特意用了较长的单词 blackboard 为例。

师生对话示范：

Daming: **Can you help me, please, Lingling?**
Lingling: **Yes, of course.**
Daming: **How do you spell "blackboard"?**
Lingling: **I'm sorry. I don't know.**
Mrs Tan: **It's B-L-A-C-K-B-O-A-R-D.**
Daming: **Can you say that again, please?**
Mrs Tan: **Yes. It's B-L-A-C-K-B-O-A-R-D.**
Daming: **Thank you.**
Mrs Tan: **You're welcome.**

Work in pairs. Ask and answer.

A: Can you help me,
   please?
B: Yes, of course.
A: What's this in English?
B: It's a ...

A: How do you spell it?
B: ...
A: Thank you.
B: You're welcome.

不拘泥于教材，只要做一点点的拓展就好了。教材里是 classroom 和 desk，我先做示范，然后学生跟着操练，最后，把"扶手架"拿掉，学生就着场景就可以脱口而出，技能生成。

三、以生为本，适当拓展

在 Starter 的 M4 U2 与 U3 中，我把它们通过一条线索：询问天气—可做的季节运动—喜欢的运动，有机地整合起来，过渡自然，学生易于接受，而且在他们基础较好的基础上，适当拓展了 What do you like doing...? I like doing .... 句型。

— What's the weather like in
  Harbin in winter?

— It's cold. People like skating
there.

--- Yes, it's hot in Guangdong in
summer. People like swimming
here.

I can swim and I like swimming.

Work in pairs. Ask and answer.

有趣的人才能做得成有趣的事，有趣的事由有趣的人来做，会更有趣。

参考文献

[1] 岑健林. 可视化教学的研究与探索 [J]. 中国教育信息化, 2022, 28（07）: 41-49.

[2] 陈惠淑. 提高初中英语写作策略 [J]. 考试周刊, 2013,（79）: 77.

[3] 陈则航, 邹敏. 中学英语教师对批判性思维的理解和教学实施 [J]. 中小学外语教学（中学篇）, 2016,（7）: 12-17.

[4] 丛李芳, 徐欣. 思维导图在小学英语词汇教学中的应用探究 [J]. 教育科学论坛, 2010,（7）: 51-53.

[5] 崔允漷. 如何开展指向学科核心素养的大单元设计 [J]. 北京教育, 2019,（2）: 11-15.

[6] 但武刚. 教育学案例教程 [M]. 武汉: 华中师范大学出版社, 2007.

[7] 丁念金. 研究方法的新进展 [M]. 北京: 教育科学出版社, 2004: 93-96.

[8] 东尼·博赞, 巴利·博赞. 思维导图 [M]. 卜煜婷. 北京: 化学工业出版社, 2015.

[9] 葛炳芳. 英语阅读教学的综合视野: 理论与实践 [M]. 杭州: 浙江大学出版社, 2015.

[10] 费胜昌. 2017. 例谈如何在续写前进行有效阅读 [J]. 中小学英语教学与研究, 2017,（12）: 38-41.

[11] 费文杰. 初中生英语写作策略研究 [D]. 上海师范大学, 2013.

[12] 冯翔, 王亚飞, 吴永和. 人工智能教育应用的新发展 [J]. 人工智能教育应用专栏, 2018,（12）: 7.

[13] 桂诗春. 多视角下的英语词汇教学 [M]. 上海: 上海外语教育出版社, 2013: 292-295.

[14] 韩宝成. 关于我国中小学英语教育的思考 [J]. 北京: 外语教学与研究, 2010（4）, 300-302.

[15] 胡壮麟.新编语篇的衔接与连贯 [M].上海：华东师范大学出版社，2017.

[16] 教育部.义务教育英语课程标准（2022 年版）[S].北京：北京师范大学出版社，2022.

[17] 教育部.义务教育英语课程标准（2011 年版）[S] 北京：北京师范大学出版社，2011.

[18] 教育部.普通高中英语课程标准（2017 年版）[S].北京：人民教育出版社，2018.

[19] 鞠光宇，马陆亭.发达国家高等教育如何助推人工智能发展 [J].中国高校科技，2018，（01）：4-7.

[20] 李臣之.教师做科研 [M].深圳：海天出版社，2010.

[21] 李春琳.人工智能在外语教学中的应用及研究热点 [J].中学外语教与学，2019，（8）：7-10.

[22] 李杰.互动式英语教学中的元认知策略研究 [J].基础教育外语教学研究，2010，11-12.

[23] 李杰.指向自主阅读能力的英语学习单设计 [J].中小学英语教学与研究，2020，15.

[24] 李建民.人工智能在高中英语学科评测中的应用 [J].教育信息技术，2018，12：41.

[25] 李蒙.国内近 5 年英语词汇学习研究综述 [J].海外英语，2018，（08）：217

[26] 李韧.自适应学习 [M].北京：清华大学出版社，2019：124-125.

[27] 梁迎丽，刘陈.人工智能教育应用的现状分析、典型特征与发展趋势 [J].中国电话教育，2018，（374）：24

[28] 刘道义.英语词汇教学 [M].南宁：广西教育出版社，2016.

[29] 刘丽萍.自主学习策略及其在英语词汇教学中的应用 [N].内蒙古师范大学学报，2014-12-17（12）.

[30] 卢明，崔允漷.教案的革命：基于课程标准的学历案 [M].上海：华东

师范大学出版社，2016.

[31] 罗恩·理查德，马克·丘奇.思维可视化教学：哈佛大学教育学院设计可视化思维课堂的18种流程 [M].周晓微，李萌.北京：中国青年出版社，2022.

[32] 罗少茜，赵海永，邢加新.英语词汇教学 [M].南宁：广西教育出版社，2016：19–22，273–278.

[33] 马丁·J.埃普乐，罗兰德·A.菲斯特.思维可视化图示设计指南（第2版）[M].陈燕.福州：福建教育出版社，2019.

[34] 马广惠.英语词汇教学与研究 [M].北京：外语教学与研究出版社，2019：42.

[35] 穆肃.在线学习中深层次学习发生策略的研究 [J].《中国远程教育》，2019，10.

[36] 倪素霞.如何应用现代教育技术提高英语写作能力 [J].少儿科学周刊（教学版），2014.

[37] 欧洲理事会.欧洲语言共同参考框架：学习、教学、评估 [M].刘骏、傅荣，译.北京：外语教学与研究出版社，2008.

[38] 裴娣娜.教育科学研究方法 [M].沈阳：辽宁大学出版社，1999.

[39] 蒲志鸿."行动"与外语教学——欧洲语言教学理念的转变及其启示 [J].四川外语学院学报，2008，（1）：129–133.

[40] 邱灿.探索人工智能技术在小学英语教学中的应用 [J].课程与教学，2018，（11）：57.

[41] R.基思·索耶.剑桥学习科学手册 [M].北京：教育科学出版社，2010：3–5.

[42] 施旭.什么是话语研究 [M].上海：上海外语教学出版社，2017.

[43] 孙利芬.初中英语写作策略的探讨 [J].教育界，2014，（5）.

[44] 孙倩，王丽君.小学英语单元整体教学设计的内容 [J].教学与管理，2014，（10）：49–50

[45] 王芬.浅谈现代教育技术在初中英语写作教学中的运用策略 [J].新课

程—中旬，2013.

[46] 王佳 . 人工智能技术在高校英语教学中的应用研究 [J]. 记录教育，2019，（20）：124–125.

[47] 王鹏飞 . 欧洲面向行动式教学法简介及其应用 [J]. 北京：中小学外语教学（中学篇），2019，（6）：1–6.

[48] 王蕾 . 新版课程标准解析与教学指导初中英语（2022 年版）[M]. 北京：北京师范大学出版社，2022.

[49] 吴秉健 . 基于人工智能的英语故事写作应用研究 [J]. 中小学数字化教学，2018，（4）：86–88.

[50] 吴植壮 . 由仿写到创新——初中英语写作策略初探 [J]. 新课程（教研版），2013.

[51] 徐小刚 . "人工智能 + 教育" 引领英语教学迈入教育信息化 2.0 时代 [J]. 英语教师，2018，（11）：7–8

[52] 杨云，史惠中 . 基于主题意义探究的高中英语读写活动设计 [J]. 教学与管理，2020，（10）：42–45.

[53] 尤小平，崔允漷 . 学历案与深度学习 [M]. 上海：华东师范大学出版社，2017.

[54] 于翠红 . 英语自主学习模式下的词汇习得策略研究 [J]. 山东工商学院学报，2010，2：117.

[55] 余文森 . 核心素养导向的课堂教学 [M]. 上海：上海教育出版社，2017.

[56] 袁晶 . 在以读促写中培养学生的思维品质 [J]. 中小学外语教学，2019，（1）：13–17.

[57] 章兼中 . 外语教育学 [M]. 福州：福建教育出版社，2016.

[58] 尹谦 . 初中英语写作教学策略研究初探 [J]. 当代教育理论与实践，2011，3（9）：13–15.

[59] 张金秀 . 2016. 英语学科思维品质培养面临的困境和对策 [J]. 中小学外语教学（中学篇），（7）：6–11.

[60] 郑鸿颖 . 思维可视化与中学英语教学 [M]. 成都：四川师范大学电子出

版社，2022.

[61] 钟启泉 . 课堂转型 [M] 上海：华东师范大学出版社，2018.

[62] 钟启泉，崔允漷，张华 . 为了中华民族得复兴，为了每位学生的发展——基础教育课程改革纲要（试行）解读 [M]. 上海：华东师范大学出版社，2001.

[63] 佐藤学 . 静悄悄的革命：课堂改变，学校就会改变 [M] 北京：教育科学出版社，2014.

后 记

　　《杏福苑》这本书经过多番修改后结集出版了，光是书名都是想了很久后，才想到这个名字。书名有几重含义呢：一是我和家里人一起曾经生活的小区，名字叫"杏福苑"，藉着出版这本专著，用来纪念曾生活过十多年的地方；二是我的家乡"杏坛"——著名的岭南水乡，取其"杏"字；三是与"幸福"谐音，隐含了本人一直走在追求专业发展的幸福之路。

　　翻开书本，一位平凡的英语教师充实的教学生活跃然纸上。从前期"阅读与写作教学策略"的探究，到近期"六要素整合、深度学习、核心素养达成"的教学实践；从希沃白板到小白板，再到人工智能的教学技术融合；从革命老区、贫困山区、偏远地区的"三区"支教经历到大湾区先进的信息化教学应用项目和课题的成果提炼；从漫话"双减"政策到畅谈思政教育；从培训学习的心得到课例的反复反思，见证了我躬耕教坛 32 年的足迹。

　　书本印出来了，离不开家人们的支持和领导们的鼓励。杏坛教研室吴秀霞主任一直关心这事儿、梁銶琚中学刘伏奇校长百忙中为此书作序、肖国祥校长赠送字画、张桂荣副校长给予关心。由衷地感恩职业生涯中，有优秀的领导引领着我前行。诚挚感谢好友杨基林先生和陈婷婷老师的支持。衷心感谢众多学生的惦念，罗总（罗健明）、黄秀明、Kelvin（周锦潮）、周志海等，他们对教育的支持、对老师和师母的关心彰显着水乡青年才俊们的担当与有为。难忘当年杏坛镇英语教研员黄建莲老师指导的信息技术融合示范课；难忘时任顺德英语教研员王萍老师指导的教学能手比赛；难忘原佛山英语教研员何润青老师指导的项目和课题。难忘几位教研员的鼎力支持、帮助和指导，他们分别是连南初中英语教研员李琼老师、顺德初中教研员杜晓曦老师、夏嘉琪老师和佛山初中教研员江碧霞老师。很庆幸在专业发展的路上，一直都有大咖们手把手地引领着前行。追光而遇，沐光而行，一路生花。

谭燕珠

2024 年 5 月 20 日于杏坛